범일국사 이야기 2

새롭게 태어나는 천년의 꿈,
범일국사

범일국사 이야기 2

새롭게 태어나는 천년의 꿈,
범일국사

이야기를 시작하며

신라 시대의 고승, 범일국사는 유네스코 인류무형문화유산·국가무형문화재 제13호 강릉단오제의 주신으로 모셔지고 있습니다. 범일국사는 천년의 시·공간을 넘나들며 우리들의 곁에 생생하게 살아 있는 것입니다.

《큰스님, 대관령 신이 되다》를 발간하여 시민뿐만 아니라 불자들도 범일국사를 이해하는 데 큰 도움이 되었습니다. 올해에도 《새롭게 태어나는 천년의 꿈, 범일국사》를 발간하여 시대를 앞서간 범일국사의 고귀한 사상과 뜻을 시민들에게 더욱더 널리 알리고자 합니다.

현대인들은 복잡한 세계 속에서 서로간의 질시, 반목, 소통부재 등으로 정신적, 육체적 고통을 겪고 있습니다. 이러한 때에 우리가 범일국사의 숭고한 정신과 희생을 이해하게 된다면 현실의 삶을 이어가는 데 있어 잠시나마 크나큰 위로가 될 것입니다.

강릉단오제의 주신으로 모셔지는 범일국사가 어떻게 유교, 불교, 도교, 무속신앙 등이 혼재되어 있는 강릉단오제와 이어지게 되었고, 범일국사를 바탕으로 한 문화콘텐츠 개발 등에 관한 이야기들이 담겨져 있습니다.

이 책을 통하여 범일국사의 사상이 널리 전파되고, 그리고 시민들이 마음을 힐링할 수 있는 좋은 계기가 되길 바랍니다.

범일국사문화축전위원회 위원장 청우 합장

차례

01

교종과 선종을 겸비한 범일국사

박도식(강릉문화원 부설 평생교육원 주임교수)

강릉단오제의 주신, 범일국사

범일국사는 810년(헌덕왕 2) 정월에 태어나 889년(진성여왕 3) 5월에 입적했다. 시호는 통효대사이고, 탑호(스님의 별호)는 연휘이다. 신라하대 9산 선문 가운데 사굴산문의 개창조이자 강릉단오제의 주신인 대관령국사성황신으로 추앙받고 있다.

범일국사 진영

강릉단오제는 흔히 천년의 역사를 이어온 축제라 한다. 그것은 936년(고려 태조 19)에 왕순식이 후백제의 신검군을 토벌하러 갈 때 대관령에 이르러 '이승사'에서 제사를 차리고 기도했다는 기록에 근거를 두고 있다. 그리하여 '이승사'의 승이 현재 강릉단오제의 대상 신격인 범일국사라 한다.

예전에 강릉단오제는 매년 음력 3월 20일부터 5월 6일까지 약 50일에 걸쳐 진행되었다. 이 기간 동안의 행사 일정은 3월 20일에 신주를 빚는 것으로 시작해 4월 1일과 8일에 신주를 바치는 헌주와 무악이 있었고, 14일 저녁부터 15일 밤에 걸쳐 대관령에서 산신과 국사성황께 제사지내고, 국사성황을 국사여성황사에 모셔와 국사여성황과 합배한 후에 대성황사에 봉안했다. 그때부터 27일간의 무제를 거쳐서 5월 1일부터 신대를 세우고 관노가면극을 펼치며 놀았고, 6일에 신을 다시 돌려보내는 송신제를 지낸 후 대성황사 뒷마당에서 신대 등을 불에 태우는 것으로 막을 내렸다.

그러나 갑오개혁 이후 대성황사가 훼철되면서 강릉단오제는 종전의 8단오에서 5단오로 축소되어 매년 음력 4월 5일에 신주 빚는 것을 시작해서 5월 7일에 송신제를 끝으로 막을 내린다.

이 기간 동안의 행사 내용은 대관령에서 산신과 국사성황께 제사지내고 국사성황을 모셔와 축제를 치른 후 다시 돌려보내는 것을 골자로 하고 있다. 대관령국사성황은 범일국사가, 대관령국사여성황은 정씨가 여인이, 대관령산신은 김유신 장군이 사후에 각각 신격화된 존재이다. 이들이 생존한 시기는 각각 다르지만, 모두 실존인물로 강릉과 관련이 깊은 인물이다. 범일국사와 정씨가 여인은 강릉출신이고, 김유신 장군은 강릉에 한때

대관령국사성황제

머문 바 있다.

이 글에서는 지금까지 연구 성과를 바탕으로 신라하대 불교계의 동향, 범일국사의 생애와 활동, 그리고 범일국사의 선사상에 대해 살펴보고자 한다. 이를 통해 범일국사를 이해하는 데 도움을 줄 수 있으리라 기대된다.

신라 하대 불교계의 동향

역사적으로 선종은 중국에서 크게 발전했고, 우리나라에서는 9세기 전반 이후 본격적으로 수용되어 신라하대에 만개했다. 선종은 '염화시중의 미소'라는 말이 있듯이 이심전심으로 문자 없이 마음에서 마음으로 전달하는 깨달음의 세계를 토대로 한다. '염화시중의 미소'라는 말은 석가가 영산에서 설법하면서 말없이 손으로 한 송이 꽃을 들어 올렸을 때 그 제자 가운데 가섭만이 그 뜻을 알고 미소를 지었다는 데서 유래했다.

선종의 대표적인 사상은 잘 알려져 있는 4구표방이다. 4구는 '불립문자·교외별전·직지인심·견성성불'을 말한다. '불립문자'란 문자를 세우지 않는다는 뜻이다. 문자를 세우지 않는다고 해서 정말 말이나 글을 쓰지 않는 것은 아니다. 여기서 말하는 문자란 교종에서 중시하는 경전을 말한다. 그러니까 교종처럼 어느 한 경전에 얽매이거나 구애받지 않는다는 뜻이다.

이런 뜻을 담고 있는 말이 '교외별전'이다. 이는 '경전 밖에 따로 전함이 있다'는 뜻으로 이심전심과 같은 뜻으로 쓰인다. '불립문자'와 '교외별전'의 의미도 두 구절과 같으며, '불립문자'가 강화된 것이 '교외별전'이라 할 수 있다. '직지인심'은 사람의 마음으로 직접 터득하라는 것이며, '견성성불'은 자기의 본성이 곧 부처님의 마음임을 깨닫게 되는 것을 말한다. 즉 4구란 "문자를 세우지 않으며 경전의 가르침 외에 따로 전하는 것이 있으니, 사람의 마음으로 직접 터득하고 본연의 품성을 보고 부처가 되라"는 것이다.

일반적으로 선종불교는 처음에 북종선 사상이 나타나고, 그 뒤를 이어 남종선 사상이 유행했다. 선종불교는 달마대사로부터 제5조 홍인까지는 한 가지 흐름으로 이어졌으나 홍인의 문하에서 신수(606~706)가 북종선을 열었고, 혜능(638~713)이 남종선을 열었다.

북종선은 『능가경』을 근거로 단계적 깨달음(점오)을 주장하는 데 반하여 남종선은 『금강경』을 근거로 행동적이고 즉각적인 깨달음(돈오)을 주장한다. 이를 가리켜 '남돈북점'이라고 하나, 후대에는 남종선이 특히 발전하여 선종이라 하면 남종선을 지칭하는 말이 되었다.

신라하대 남종선 사상의 본격적인 도입은 821년(헌덕왕 13) 도의선사에 의해 이루어졌다. 당나라에서 귀국한 도의는 선사상을 전파하려 하였으나 당시 교종에 깊숙이 젖어 있던 신라 사람들이 '마귀의 소리'라 하여 탄압을 가하자 양양 진전사로 들어가서 그곳에 은거했다. 이에 대해 최치원이 쓴 「봉암사 지증대사 적조탑비」에는 "도의 스님이 서쪽으로 바다를 건너 중국에 가서 서당의 깊은 뜻을 보았는데, 지혜의 빛이 지장선사와 비등해져서 돌아왔으니, 선법을 처음 말한 사람이다. 그러나 원숭이의 마음에 사로잡힌 무리들이 남쪽을 향해 북쪽으로 달리는 잘못을 감싸고, 메추라기의 날개를 자랑하는 무리들이 남해를 횡단하려는 대붕의 높은 소망을 꾸짖었다. 이미 외우는 말에만 마음이 쏠려 다투어 비웃으며 '마귀의 소리'라고 한 까닭에 빛을 지붕 아래 숨기고, 종적을 협소한 곳에 감추었는데, 동해의 동쪽에 갈 생각을 그만두고, 마침내 북산에 은둔했다"고 전한다.

그 뒤 826년 중국에서 귀국한 홍척이 지리산에서 실상사를 창건하고 설법을 전파하는데 성공하여 실상산문을 개창했다. 양양 진전사에 은거하던 도의는 그의 제자 염거에게 법을 전하였고, 염거는 다시 그의 제자 체징에게 법을 전했다. 체징은 859년에 전남 장흥의 가지산으로 가서 보림사를 창건하고 가지산문을 개창했다. 이런 식으로 전국에 걸쳐 9산문이 개창되었던 것이다.

신라 하대에 선종이 대두할 수 있었던 배경에는 먼저 기존 교종의 한계를 들 수 있다. 교종은 신라 중대에 크게 발전했는데, 그중 가장 대표적인 종파는 화엄종과 법상종이었다. 그런데 이 종파들은 지나치게 이론적이고 관념적이었다. 이런 한계를 극복하기 위해서는 보다 실질적이고 구체적인 수행방법을 제시하거나 새로운 종교운동을 전개할 필요가 있었다.

신라 하대에는 이런 점들이 절실히 요구되고 있었다. 선사들이 중국에 유학하여 선종을 수용했던 것은 신라 하대의 교종 불교가 경전의 의미나 글자를 해석하는 훈고학적 성격을 띠게 되고 신앙이 의례화한 데 대해 불만을 품었기 때문이었다. 따라서 이들은 귀국하여 종래 교종의 사상체계에 의존하지 않고 각 개인이 사색하여 진리를 깨달을 것을 권유했던 것이다.

다음으로는 정치 사회적인 변화를 들 수 있다. 신라 하대로 들어 골품제의 붕괴로 중앙정치가 문란해지고 지방 통제력이 약화되면서 지방에서는 호족들이 성장했다. 이들은 성주·장군·

적수·수 등으로 지칭하면서 독립적인 군사 기반을 가지고 일정한 영역을 지배하고 있었다. 새로운 사회로 넘어가는 이런 과도기에 선종은 호족들의 관심을 끌면서 그들의 성장을 뒷받침하는 새로운 사상으로 자리 잡게 되었던 것이다.

교종은 불경을 중심으로 통하기 때문에 제자라는 것이 학문적으로 계승되었지만, 선종은 곧 바로 스승과 제자의 만남을 통해 마음과 마음을 통해 계승되었다. 선종에서는 도를 전하는 방법도 같은 경전을 공부했느냐 아니냐보다는 스승과 직접 얼굴을 대면하고 도를 받았느냐 아니냐를 중시했다. 이때 주고받는 것을 '심인'이라 한다. 따라서 문자 공부보다는 종교적 수양을 더 중시하였던 것이다. 조금 단순하게 말하면 경전을 안 보아도 된다는 뜻이고, 어려운 교리 공부를 안 해도 된다는 이야기이다. 그러니까 선종은 아무래도 문자에 약할 수밖에 없는 무사적 기질을 지닌 호족들에게 더 구미가 당기는 사상이었다.

당시 호족은 경제적으로나 군사력으로 지방에서 강한 기반을 가졌을 뿐만 아니라 지방민과 쉽게 결합할 수 있어서 사회의 명망과 권세를 한꺼번에 쥐고 있었다. 한정된 범위에서나마 자기의 세력권 내에서는 왕과 같은 위치에 있었던 것이다. 그러나 '왕이 곧 부처'라는 논리가 지배하는 한 호족들의 위치는 지배층으로 비집고 들어갈 틈이 없었다. 따라서 호족의 입장에서 보면 타고난 마음이 곧 부처라는 선종의 '자심즉불'과 '일문일가'는 일종의 구원의 사상이었던 것이다.

체제와 질서가 중요한 것이 아니라 깨침의 능력이 중요하고 스스로 일가를 이룰 수 있다는 사상은 곧 호족도 곧 왕이 될 수 있다는 생각으로 비약하게 된다. 이에 호족들은 다투어 선종 승려들을 후원하여 각처에 독자적인 산문을 개창했다. 산문은 대부분 그들을 후원하는 유력한 호족의 근거지와 가까운 지역에 위치했다.

당시 명주 지역에는 김순식과 김예라는 호족이 있었다. 이들에 앞서 명주의 실력자로 군림한 사람은 민규였다. 940년(태조 23)에 세워진 「보현사 낭원대사탑비」에도 889년(진성여왕 3)에 알찬의 위계를 지닌 민규가 명주의 실력자였던 것으로 기록하고 있다. 김순식은 민규의 뒤를 이어 명주의 최고 세력가로 군림했다.

보현사 낭원대사탑비

김순식(고려 개국 이후 왕족과 같은 성을 하사받아 왕순식)은 신라 말기에 명주에 내려와 명주의 군사력을 장악했다. 김순식이 지니고 있던 '지명주군주사'는 공식적 지방제도라기보다는 국가 공권력이 완전히 무너지는 지방사회의 위기상황에서 지방관이나 호족이 자구책의 일환으로 내세웠거나, 권위를 강조하기 위해 스스로 사용한 직함이었을 것이다.

김순식의 가계에 대해서는 『고려사』 왕순식전에 '허월→ 순식→ 수원·장명'의 3대가 나타날 뿐이다. 현재 전하는 『강릉김씨족보』 중 어디에도 그의 가계가 전혀 발견되지 않는 점으로 보아 김주원의 직계가 아니라는 견해도 있다. 그렇지만 신라 하대에 영동지역의 어떤 세력도 김주원의 후손과 연고 없이는 별개로 존재할 수는 없었다. 이와 관련하여 『임영지』에 수록되어 있는 『평창군고기』에는 김순식이 김주원의 후손이라고 기록되어 있다. 이런 걸로 보아 김순식은 김주원의 직계후손이거나 그와 관계가 깊은 호족세력이었다고 짐작된다. 김예는 군사적 실력자인 도령의 지위를 가진 지방세력가로 활동했는데 그는 김주원의 7세손이었다.

명주호족은 9산문 중 사굴산문과 밀접한 관계를 맺고 있었다. 사굴산문의 본산은 굴산사였다. 굴산사가 언제 창건되었는지는 분명하지 않다. 『삼국유사』에는 범일이 "847년(문성왕 9)에 중국에서 귀국하여 먼저 굴산사를 창건하고 전교했다"고 하였으나, 『조당집』에는 "명주도독 김공이 거듭 굴산사에 주지하기를 청했다"고 한 것으로 보아 범일이 주지하기 이전부터 이미 굴산사가 개창되어 있었던 것으로 짐작된다. 굴산사가 범일 이전에 창건되었다고 하더라도 역사적인 의미를 갖게 되는 것은 범일이 주지하면서부터라 하겠다.

범일국사의 생애와 활동

범일의 출신에 대해서는 『조당집』권17, 「명주굴산 고통효대사」에 비교적 자세히 기록되어 있다. 『조당집』은 석가모니불을 비롯한 7불로부터 당말 오대까지의 선사 253명의 행적과 법어·게송·선문답을 담고 있다. 이 책은 952년 남당 천주(현재 복건성 소재) 초경사라는 절에 머물던 선승 정과 균이 편찬했다. 중국에서는 이 책이 100여 년이 지나 유실되었으나, 다행히도 1912년 일본인 학자 오노 겐묘와 세키노 다다시 등이 합천 해인사에서 8만대장경의 판본을 조사하던 중에 발견하여 세상에 알려졌다.

『조당집』에는 범일국사의 전기가 실려 있어 우리에게 많은 정보를 제공해준다. 『조당집』에 의하면, 범일의 할아버지 김술원은 계림의 진골귀족으로 명주도독을 지냈으며, 그의 어머니 문씨(일설에는 지씨)는 강릉의 호족 출신이었다고 한다. 즉 범일의 아버지는 명주도독 김술원의 아들이고, 어머니는 명주의 토착세력의 딸이다. 범일의 아버지에 대해 특별히 알려지지 않은 이유는 자세히 알 수 없지만, 아마 지방세력으로 고착되었기 때문이라 본다.

그리고 『조당집』에는 "범일의 어머니가 해를 어루만지는 상서로운 꿈을 꾸고 잉태한 지 13개월 만에 범일을 낳았는데, 곱슬머리의 특이한 자태와 정수리가 진주 모양을 한 기이한 얼굴상이었다"고 하여 그의 출생과 신체적 특이성이 기록되어 있다. 그러나 광해군 연간에 편찬된 『임영지』에는 다음의 내용이 전해진다.

> 신라 때 양가집 딸이 굴산에 살고 있었는데, 나이가 들도록 시집을 가지 못했다. 어느 날 우물가에서 빨래를 하고 있었는데, 햇빛이 배를 비추자 저절로 태기가 있었다. 그녀는 지아비 없이 아이를 낳자 집안사람들이 이상하게 여길 것 같아 아이를 얼음 위에다 버렸는데, 새들이 날개로 덮어주었고 밤중에 하늘에서 상서로운 빛이 비쳤다. 이에 아이를 도로 데려다 길렀는데, 이름을 범일이라 했다.
>
> – 『임영지』 전권2, 석증조

즉 범일의 어머니는 중매를 넣기도 전에 결합하여 지아비 없이 아이를 낳게 되자 갖다 버렸는데, 새들이 아이를 보호해주고 밤중에 하늘에서 상서로운 빛이 비치자 도로 거두어 길렀

석천

다는 것이다. 범일의 출생과 관계있는 석천(돌우물)과 학바위는 지금도 강릉시 구정면 학산리에 남아 있다. 일반적으로 신화나 전설의 속성은 그 사실에 대한 이야기가 후대에 구전되면서 첨삭되거나 수식되기도 한다. 범일국사의 신화도 갑자기 이루어진 것이 아니라 오랜 전승을 통해 이루어졌다.

범일은 824년(원성왕 16) 15세 때 출가하여 5여 년 동안 입산수도했다. 그가 출가한 곳이 어디인 지는 정확하지 않으나, 아마 강릉 부근의 어느 사찰이었을 것이라 생각된다. 당시 낙산사에는 범일이 의상의 문인이라는 설이 유포되고 있었다. 이에 대해 일연은 『삼국유사』에서 "범일은 의상의 문인이라 하나 잘못된 것"이라 주장했다. 625년에 태어난 의상과 810년에 태어난 범일은 185세의 나이 차이가 나므로, 일연의 주장처럼 범일은 의상의 문인이 아니다. 그러나 이러한 설이 유포된 것은 나름의 이유가 있을 것으로 생각된다. 이는 범일이 출가 후 한때 이곳 낙산사에 머물면서 의상계 화엄학을 수학하였고, 의상의 영향 아래 있던 지방 불교세력을 사굴산문을 개창하면서 흡수한 때문에 생겨난 것으로 보인다.

월정사

범일이 후일 주지로 있었던 사굴산문의 본산은 굴산사였지만, 춘천의 건자암을 비롯하여 봉화의 태자사, 오대산의 월정사, 양양의 낙산사, 동해의 삼화사 등에도 그 세력이 미치고 있었다. 즉 사굴산문은 강릉을 중심으로 하는 영동 지역뿐만 아니라 영서 지역과 경상도 지역까지 세력이 미쳤던 것이다. 이에 낙산사에도 사굴산문의 세력이 부식되어 갔을 것이며, 이 과정에서 의상의 화엄종 계열과의 관계를 염두에 둔 범일 제자들에 의해 범일이 의상의 문인이라는 설이 유포되었을 가능성이 있다.

또 그의 십성제자 중의 한 사람인 두타승(고행하는 승려) 신의는 자장과 신효거사가 거처하였던 오대산 월정사에 머물렀다. 이 때문에 범일과 그 문인들은 오대산을 중심으로 한 자장계의 화엄 및 의상계의 화엄사상, 문수신앙을 선사상에 수용한 것으로 보기도 한다.

범일은 20세 때 경주에 이르러 구족계(불교 교단의 승려 중 비구와 비구니가 받는 계)를 받고 수도생활에 전념하여 교단에서도 대단히 촉망받는 수행자였다. 그가 경주 불교계로부터 인정받을 수 있었던 것은 "청정한 수행을 두루 닦아 부지런하고도 더욱 힘썼기" 때문이다. 범일은 831년(흥덕왕 6) 왕자 김의종과 함께 당나라로 건너간 것으로 전해진다. 범일이 입당하는 동기는 중국에 들어가서 법을 구하기 위해서였다. 그가 중국행을 택하게 된 것은 흥덕왕 시절 시대적 분위기가 크게 작용하였을 것이다. 흥덕왕 전후 시절에 많은 선승들이 중국에 입당 유학하거나 귀국하고 있었다.

중국에 도착한 범일은 마조도일의 제자인 제안대사를 찾아뵙고 뛰어난 선문답으로 '동방보살'이라는 극찬을 받았다. 범일이 "어떻게 해야 성불할 수 있습니까?"라고 질문했을 때, 제안은 "도는 닦을 것이 아니라 단지 오염되지 않도록 하라. 부처라든지 보살이라든지 하는 소견을 가지지 말라. 평상시의 마음이 도이다"라고 대답했다. 범일은 이 말에 크게 깨닫고 제안대사를 6년 동안 스승으로 섬겼다. 또 약산선사를 찾아뵙고 질문하니 "훌륭하다, 훌륭하다. 밖에서 불어온 맑은 바람이 사람을 얼려 죽이는구나!"라는 감탄을 받기도 했다.

범일은 장안에 들렀다가 845년(문성왕 7) 당나라 무종에 의한 불교탄압사태를 목격한다. 이에 대해 『조당집』에는 "중들은 흩어지고 절은 무너져서 동서로 모두 달아나고 불안한 몸을 숨길 곳도 없어 한탄만 했다"고 전한다. 이러한 상황에서 범일은 난을 피해 상산에 숨어 지내다가 나중에 소주의 조계사에 가서 육조혜능의 탑에 참배한다.

범일은 소주를 떠나 847년(문성왕 9)에 귀국했다. 이에 대해 『조당집』에서는 "자신이 체득한 불법을 널리 펴기 위해서 였다"고 전한다. 16년 만에 귀국한 범일은 경주에 3여 년 동안 머물다가 851년 정월에 백달산에 안좌하고 있을 때, 명주도독 김공이 굴산사 주지로 청하자 명주로 오게 된다. 명주는 범일의 출신지이자 외가였으며, 그의 할아버지가 명주도독을 지낸 곳이었다는 점을 감안한다면 그의 연고지라고도 할 수 있다.

김공이 어떤 인물인지에 대해서는 김주원계의 후예 혹은 그들 세력권 속에 있었던 인물로 보는 견해와 이와 달리 중앙에서 파견된 관리로 김주원계와는 다른 세력으로 보는 견해가 있다. 그러나 신라 하대 강릉 지역의 정세로 보아 명주도독에 임명될 수 있었던 인물은 김주원의 후손이거나 그 계통의 세력권 속에 있었던 인물이었을 것이라 추측된다.

왜냐하면 신라 하대에 영동 지역의 어떤 세력도 김주원의 후손과 연고 없이 존재할 수 없기 때문이었다. 사굴산문과 같은 큰 산문세력의 형성에 이들이 깊이 관여되었기 때문이다. 예를 들자면 개청의 후원자도 명주호족 김순식이었다. 김순식은 개청이 주지였던 지장선원의 최대 단월(후원자)이었다. 이처럼 명주지역의 호족은 사굴산문의 적극적 후원자였을 뿐만 아니라 그들과의 불가분의 관계에 놓인 인물이었음을 알 수 있다. 범일이 명실 공히 이 지역의 호족과 지방민의 정신적 지도자 역할을 했음은 물론이다.

범일은 굴산사를 중심으로 하여 영동지역 일대에서 활발하게 선교활동을 전개했다. 그는 낙산사에 정취전을 짓고 정취보살을 모셨다. 낙산사는 676년(문무왕 16) 의상대사가 창건한 후 의상계 화엄사상과 관음신앙의 중심지였다.

낙산사 칠층석탑과 원통보전

그러나 786년(원성왕 2)에 대부분 소실되어 858년(헌안왕 2)에 범일이 이를 중건했다. 이에 대해서는 『삼국유사』에 다음과 같은 설화가 전해진다.

범일이 당나라에서 유학 생활을 하고 있을 때 양양 출신이라는 왼쪽 귀가 떨어진 한 스님을 만났는데, 그가 사는 곳이 낙산 밑이라고 했다. 그는 스님께서 본국으로 돌아가시면 자기 집에 찾아가 집을 지어 달라는 부탁을 했다. 그러나 귀국 후 선교활동을 하는데 여념이 없었던 범일은 그와의 약속을 까맣게 잊고 있었다. 그렇게 10여 년이 지난 어느 날 꿈에 그 스님이 나타나 "전에 중국 명주 개국사에서 저의 부탁을 승낙하셨거늘 어찌 이렇게 늦으십니까?" 했다. 잠에서 깬 범일은 곧바로 양양으로 가서 그가 사는 곳을 찾았다. 마침 낙산 밑의 마을에 한 여인이 살고 있었는데, 그녀의 여덟 살 된 아들이 마을 남쪽 돌다리 가에 금빛 아이가 있다 하여 범일이 찾아보니 돌부처가 물 한가운데 있

었다. 범일이 이를 꺼내 보니 당나라에서 본 스님의 모습과 똑같았다. 곧 정취보살임을 알아보고 점을 쳐서 길하다는 낙산 위에 불전을 짓고 그 상을 모시었다.

또한 범일은 많은 문도를 배출하였는데, 그의 대표적인 제자로는 개청과 행적이 있다. 개청의 김씨이고, 경주 출신이다. 8세에 공부를 시작하여 유학을 익히다가 화엄사의 정행에게 배우고, 강주(지금의 진주) 엄천사에서 구족계를 받은 후, 금산으로 가서 암자를 짓고 3년 동안 불경을 공부하고 선을 익혔다. 후에 사굴산문의 개조인 범일의 명성을 듣고 오대산으로 찾아가 범일로부터 심인을 받았다. 889년(진성여왕 3)에 범일이 죽자 알찬 민규의 청함을 받고 지장선원으로 가서 불전과 탑을 세우고 도로를 개통하여 많은 사람들을 교화했다. 경애왕은 개청의 덕이 높음을 듣고 사신을 보내 국사의 예를 표했다. 고려 태조는 개청에게 낭원대사라는 시호를 내렸다.

행적은 하남인 최씨이다. 그는 어려서 출가하여 명산을 유람하다가 가야산 해인사에서 화엄학을 공부했다. 847년(문성왕 9) 복천사에서 구족계를 받은 다음, 교종의 한계를 인식하고 선종으로 개종한 후 강릉 굴산사의 범일을 찾아왔다. 범일의 문하에서 수년 간 수업한 후, 870년(경문왕 10)에 김취영을 따라 당나라에 갔다. 885년(헌강왕 11)에 귀국하여 굴산사에 와서 범일을 만나고 수정사에 머물렀다. 그는 889년 범일의 법을 이어받아 사굴산문의 제2조가 되었다.

범일은 굴산문을 개창한 후 40여 년을 전법과 교화, 제자 양성에 전념했다. 이에 대해 『조당집』에는 "한번 숲 속에 앉은 뒤로는 40여 년 동안 줄지은 소나무로 도를 행하는 행랑을 삼고, 평평한 돌로써 좌선하는 자리를 삼았다"고 전한다. 그 동안 경문왕·헌강왕·정강왕이 연이어 범일을 경주로 초청했으나 부름에 응하지 않았다. 이들 왕이 범일을 부른 이유는 알 수 없지만, 아마 명주지역에서 정신적인 지도자로 활동하고 있던 범일을 불러들여 이 지역의 세력을 회유하고자 하였던 것으로 짐작된다. 범일은 임종 직전에 "내 이제 영결하고자 하니 세속의 부질없는 정분으로 어지러이 상심하지 말 것이며, 모름지기 스스로의 마음을 지켜 큰 뜻을 깨뜨리지 말라"고 당부한 뒤 입적했다. 범일은 사후에 강릉지역에서 신적인 존재로 '대관령국사성황신'으로 봉안되었다.

범일국사의 선사상

신라 하대의 승려들은 대체로 처음에는 화엄을 수학했지만 점차 문자에 구애되지 않는 선종으로 나아갔다. 이는 범일의 경우도 마찬가지였다. 범일의 선사상을 알 수 있게 해주는 자료는 『조당집』에 수록되어 있는 '오염 없는 평상심'과 천책이 펴낸 『선문보장록』에 수록되어 있는 '진귀조사설'이다.

먼저 『조당집』에서는 범일이 제안대사에게 "어떻게 해야 성불할 수 있습니까?"라고 질문했을 때, 제안은 "도는 닦을 것이 아니라 단지 오염되지 않도록 하라. 부처라든지 보살이라든지 하는 소견을 가지지 말라. 평상시의 마음이 도이다"고 대답했다.

그러면 제안대사가 범일에게 대답한 오염과 평상심이란 무엇일까? 이에 대해 제안대사의 스승인 마조도일은 "도란 수행을 필요로 하지 않는다. 다만 오염되지 않도록 하라"고 제시하고는, 사람들이 수행하여 깨달으려고 한다거나 부처가 되려고 하는 조작과 분별심은 모두 생사의 마음이라고 했다. 마조는 “생사의 마음을 일으키고 조작하여 추구하는 것”을 오염이라 하였고 “조작(작위), 시비(옳고 그름), 취사(취하고 버림), 단상(단견과 상견), 범성(범인과 성인)의 차별이 없는 것”을 평상심이라 했다.

마조의 견지에 의하면 평상심이란 지금의 바로 그 마음이 곧 부처이며, 현실 속에 생생히 살아 숨 쉬는 인간들의 활동이 곧 부처의 현현이다. 살아 있는 개인이 일상 속에 행하는 모든 것이 불성의 작용인 것이다. 따라서 부처가 되고자 좌선 수행하는 데 조작, 시비, 취사, 단상, 범성 등에 대한 차별심이 없는 것이 바로 오염 없는 평상심인 것이다. 제안은 마조의 가르침을 충실히 계승하였으며, 범일은 이러한 제안의 가르침을 통해 크게 깨달고 그를 6년 동안 스승으로 섬겼던 것이다.

다음으로 ‘진귀조사설’은 신라 진성여왕이 범일에게 선·교 양종의 뜻을 묻자, 범일이 석가가 진귀조사를 만나 깨치게 된 사실을 대답한 것으로 되어 있다. 이 내용은 『선문보장록』에 처음으로 보인다. 이 책은 1294년(고려 충렬왕 19)에 승려 천책이 여러 선사들의 어록을 발췌하여 기술하고 그 인용서목을 기록한 책이다. 『선문보장록』 제24칙에 수록되어 있는 내용은 다음과 같다.

명주 굴산사의 범일국사는 신라 진성대왕이 선 · 교 양종의 뜻을 물은 데 대해 답하기를 “우리의 본사인 석가께서는 태어나신 후에 설법으로 일관하였습니다. 먼저 태어나자마자 사방으로 7보를 걷고 나서 천상천하유아독존이라 말했습니다. 나이를 먹은 후에는 성을 벗어나 설산으로 들어갔습니다. 거기에서 도를 깨치지만, 깨친 법이 궁극의 경지가 아님을 알았습니다. 그래서 다시 수십 개월 동안 조사이신 진귀대사를 찾아 돌아다녔습니다. 이로써 비로소 궁극의 뜻을 전승받았는데 그것이 바로 교외별전의 선입니다.

그리고 성주화상께서는 항상 『능가경』을 공부하였습니다. 그러나 그것이 조사의 종지가 아님을 알고서 『능가경』을 그만두고 마침내 입당하여 법을 전수받았습니다. 그리고 도윤화상께서는 『화엄경』을 공부하였습니다. 그러다가 '화엄의 원돈의 가르침이 어찌 심인의 선법과 같겠는가'라고 말하고는 역시 입당하여 법을 전수받았습니다. 『능가경』과 『화엄경』의 경우처럼 교학은 근본이 되지도 못하고 믿을 수 있는 교외별지도 아닙니다."라고 했다.

범일은 석가가 보리수 아래에서 석가가 깨달음은 여래선의 경지이며, 그 후 몇 개월을 수행하면서 다니다가 진귀조사로부터 깨달은 바가 바로 조사선의 경지이다. 석가가 출생하여 보리수 아래에서 깨달음은 지극하지 않은 낮은 차원의 것이며, 그 뒤 진귀조사를 만나 마음으로 깨우친 바가 현극한 경지의 것이라 했다. 석가의 깨침이 미진하여 진귀조사를 찾아가서 가르침을 받았다는 것으로 그 가르침의 내용이 바로 교외별전의 선지라는 것이다.

범일은 당시 경전의 탐구에서 선으로 나아간 교외별전의 직접적인 사례로 낭혜화상 무염과 도윤화상 쌍봉을 들고 있다. 무염은 『능가경』을 연구하다가 조사의 종지가 아님을 알고, 도윤은 『화엄경』을 연구하다가 "원돈의 가르침이 어찌 심인의 선법과 같겠는가?"라고 말하고는 입당하여 법을 전수받았다고 했다.

'진귀조사설'은 신라 말 고려 초 선사상의 특징을 잘 나타낸 것으로 이해하기도 하고, 반대로 범일에 가탁한 후대의 위작이라는 평가를 받기도 한다. 전자의 '진귀조사설'과 무염의 '무설토론'은 여래선보다 교외별전을 강조한 조사선을 중시함으로써 교종보다는 선종을 우월한 것으로 설정하여 선종 산문을 정립하려는 뜻을 담았다.

이는 교학은 물론 불타의 권위를 인정하는 여래선보다 조사선 우위를 말하는 교외별전의 논거로 파악한다. 조사선의 개인주의적 경향은 선문을 중심으로 한 개체주의였으며, 지방호족과 연계되면서 선종 산문을 중심으로 일상을 강조하는 사상으로 성립했다. 이는 신라 말 고려 초의 불교계에 대한 이해를 교종과 선종의 대립에서 찾고, 교종은 왕실·중앙귀족과 연결되는 집단적·보수적·현학적·사제적인 것으로, 선종은 지방호족과 연결되는 지방호족과 연결되는 개인주의적·진보적·실천적인 것으로 파악하고 있는 것이다. 나아가 정치 사회적으로 선사=6두품 이하의 신분, 사상적인 면에서 선종=개인주의적 성향=지방호족과 연결로 해석하고, 신라 말 고려 초의 선종을 중세사상으로 파악한다.

이와 달리 '진귀조사설'은 범일의 저작이 아니라 후대에 범일의 생각을 담은 가탁으로 이해하고, 종래의 전통적인 교학불교에 대한 선불교의 우월적 입장을 주장하기 위해 만들어진 산물이라고 파악한다. '진귀조사설'은 다른 나라에는 없고 우리나라에만 전해지는 독특한 설이다. 이는 선불교를 중국에 전한 달마대사가 제2조 혜가에게 전했다는 게송에 기인하는데, 그 내용은 다음과 같다.

진귀조사재설산眞歸祖師在雪山
총목방중대석가叢木房中待釋迦
전지조인임오세傳持祖印壬午歲
심득동시조종지心得同時祖宗旨

진귀조사가 설산에 있으면서
총목방에서 석가가 오기를 기다렸네.
임오년에 조사 심인을 전하니
동시에 조사의 종지를 얻었다네.

『선문보장록』에는 『달마밀록』이라는 책을 인용하여 전하고 있는데, 이 책은 현존하지 않는다. 그리고 진성여왕이 선·교 양종의 뜻을 묻자, 범일이 대답한 것으로 되어 있다. 그런데 이를 역사적 사실로 믿기에는 석연치 않다. 왜냐하면 경문왕·헌강왕·정강왕이 연이어 범일을 경주로 초청했으나 끝내 부름에 응하지 않았는데, 특별히 진성여왕의 초청에 응했다는 것이 납득이 되지 않기 때문이다.

뿐만 아니라 '진귀조사설'은 고려 후기 천책이 찬한 『선문보장록』 속에 『해동칠대록』을 인용하고 있으나, 이 책 또한 현재 전해지지 않는다. 그리하여 범일 당시에 조사선의 정립에 대해서는 교에 대한 선의 우위를 주장하기 위해 창작된 것이라 한다. '교외별전'이라는 사구표방 역시 신라 말 선종사에서 적용될 수 없는 후대의 내용이라고 파악한다.

선종과 교종의 관계는 예로부터 늘상 제기되어 온 문제였다. 이른바 선교일치 내지는 선교차별이 그것이다. 역사적으로 보면 신라하대에 선승들은 당시 신라사회에 깊이 뿌리내리고 있던 교학의 풍토와는 사뭇 다른 새로운 선법을 홍포하기 위하여 조사선의 방식을 빌려 적용했다. 범일국사가 내세운 '진귀조사설'에 등장하는 석가는 여래의 개념을 상징한다. 여래는 49년 동안 입이 닳도록 설법을 하였고, 반면에 조사는 직설적이고 현실적인 교화수단을 활용했다. 때문에 조사선의 가풍이 팽배해 있던 시기야말로 선을 언설을 통해 자상하게 이해시켜주는 여래선의 방식보다 직지인심으로 제자의 의표를 찔러 가르쳐주는 조사선의 접화방식이 큰 매력을 발휘했다. 즉 석가라는 여래와 진귀라는 조사를 등장시켜 그 접화수단의 차이를 비유한 것이라 한다.

여래와 조사는 선사상의 깊고 옅음을 의미하는 것이 아니다. 다만 부처님으로서의 여래와 큰스님으로서의 조사의 개념을 여래선과 조사선의 개념을 통하여 조사선이 상대적으로 우위에 있다는 것을 상징적으로 비유한 것이다. 당시에는 의도적으로 선교의 차별을 강조했던 것이라 한다.

그러면 신라 말 고려 초 당대인들은 범일의 선사상을 어떻게 평가하였을까? 이에 대해 보현사 「낭원대사탑비」에서는 범일의 제자 개청이 참선 연구하던 중 만났다는 선객의 입을 빌어 당시 사람들의 범일에 대한 평가를 엿볼 수 있다. 선객은 개청에게 빨리 깨달음에 이르고자 한다면 범일을 찾아가야 된다고 하면서, 범일이 이 시대를 타고난 큰 인물이며 세속을 벗어난 신과도 같은 사람으로 견성했고 인도印度에 퍼져 있는 모든 종파의 가르침을 통달한 인물이라고 했다. 물론 다소 과장된 면이 있겠지만, 범일이 교선 양종을 겸비한 사상가였음을 보여준다고 하겠다.

02

범일국사의 신화이야기

김신풍(한중대학교 전통문화학과 석좌교수)

신화가 강릉 학산에서 시작되다

강릉의 오랜 전설과 신화는 대관령 국사성황신인 범일국사로부터 시작된다. 강릉시내에서 남쪽으로 5km 정도 떨어진 구정면 학산리에 통일신라시대의 사적지인 굴산사지가 있다. 그곳에 다음과 같은 향토 전설이 전해 내려오고 있다.

> 옛날 이 마을 대갓집에 한 처녀가 있었다. 그녀는 이른 아침 해가 뜰 무렵 석천 우물에 갔다. 늘 하던 대로 바가지로 물을 뜨니 해가 그 속에 떠 있었다. 처녀는 여느 때와는 달리 이글거리듯 강렬한 햇빛이 온몸을 밝게 달구어주는 느낌을 받으며 바가지의 물을 한 모금 마셨다.(일설에는 그 해가 처녀의 수문으로 들어가 버렸다고 한다.)
>
> 그런 해괴한 일이 있은 후 처녀는 몸에 이상을 느끼고 달이 차서 14개월 만에 옥동자를 낳았다. 그러나 처녀가 아이를 낳은지라 집안에서 아기를 솜에 싸서 뒷산 학바

위 밑에 버렸다. 막 태어난 아기를 버린 산모는 뜬 눈으로 밤을 지새우다 며칠 후 아침 일찍 아기를 버린 학바위에 찾아가 보았다. 처녀는 아기가 이미 죽었거나 짐승이 물어갔을 것으로만 알았다. 그런데 이게 웬일인가. 뜻밖에도 바위 주변에 많은 학들이 날아와 어린 아이를 감싸 주며 새빨간 구슬(아마도 여의주였겠지요)을 입에 넣어 먹여 주고 있는 것이 아닌가.

놀란 처녀는 집으로 달려와 부모님에게 그 사실을 알렸다. 하늘의 뜻을 너무나 잘 알고 있는 부모는 얼른 뒷산 학바위로 달려가 아기를 거두었다. 그 아이는 머리가 명석하여 8세 때 글을 지을 정도였고, 커서는 경주에 가 공부하고 또 중국에 가서 공부하여 후일 범일국사가 되어 온 세상에 아름을 떨쳤다.

이와 같이 아름다운 옛 이야기는 고구려 유화부인의 신화나 신라 박혁거세 부인인 알령부인 신화에서나 찾아볼 수 있는 것이다. 주인공의 출생지가 학산 학바위 근방인데, 그곳 경치가 너무 아름다워 강릉의 옛 시인 묵객들은 '강릉 42 명구(유명한 장소)'중의 하나로 꼽고 있다. 또 학바위를 배경으로 한 그 지역 경관을 일러 '굴산 학바위의 아름다움'이라고 이름했다. 굴산 학바위와 석천을 후대에도 세상 사람들이 구체적 증거물로 삼고 있다는 점에서 범일국사 설화는 신화적이면서 전설적 양식을 띄고 있다.

학바위

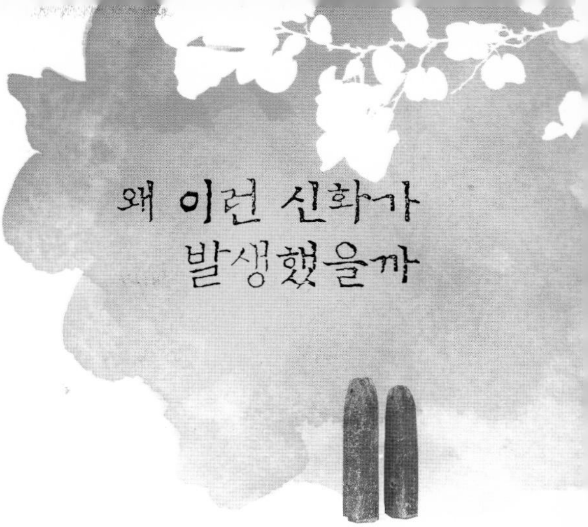

왜 이런 신화가 발생했을까

흔히 이야기를 연구하는 서구의 제의학파는 이야기를 삼분법으로 나누어 신화가 전설로 전설이 민담으로 변이되어간다고 주장한다. 그러나 내 생각으로는 분트의 학설처럼 강릉의 학산 전설은 오히려 전설에서 신화로 이행되어 간 신화전설이라고 볼 수 있다. 그런데 구체적 시간, 다시 말해 어느 어느 왕 시절이라고 밝혀져 있지 않다는 점과 바위 속에서 학이 주는 구슬 때문에 아기가 자랐다는 점은 신성 장소를 제시한 신화적 발상법, 즉 신화적 사고와 맥이 닿아있다.

맥스뮐러도 신화잔재설(신화에서 전설로 가고 전설에서 민담으로 변해 간다고 하는 이론)을 전개한 학자다. 나는 범일국사 신화를 굳이 그의 학설에 대입시키고 싶지는 않다. 왜냐 하면 범일국사는 810~889년 경의 실존인물이기 때문에 그의 출생신화 역시 거꾸로 전설에서 신화로 발전해 나갔다고 본다. 범일국사 신화야말로 전설적 이야기를 신화로 승화시킨 신화적 이야기로

봐야 옳다고 본다. 강릉의 옛 향토지로 『임영지』가 있다. 누가 언제 썼는지 알 수 없으나 이걸 조선시대 경종(1721~1724) 때에 다듬고 고친 『강릉지』풍속조에 다음과 같은 기록이 남아 있다.

고려 태조가 신검을 토벌할 때 승속 두 신이 병졸을 이끌고 와서 태조를 구해 준 데 감사하는 뜻으로 대관령에 와서 제사를 지냈다. 기록 속의 스님과 속인 두 사람이 누구인지 알 수가 없으나, 이미 고려 초기에 대관령 산신에게 제사를 지냈다는 것만은 분명하다. 고려 태조는 10세기 초(1918~1943)에 집권하였으니 『강릉지』의 나오는 내용을 그대로 따른다면 강릉단오제의 유래는 거의 천여 년 전에서 찾을 수 있다.

『강릉지』의 기록대로 '승속 두 사람이 와서 도와줘 제사를 지내게 되었다'고 한다면 그 승과 속인은 병사를 이끌만한 지도적 인물로 추측되니 산신도 2위여야 하는데 현재는 신위가 두 분이라는 증거도 없을 뿐더러 다만 '대관령 산신' 한 분만을 모시고 있다.

또 조선총독부 조사자료 44집 『부락제』에는 다음과 같이 기록되어 있다.

> 대관령 산신은 조선초기의 강릉 주민의 생명을 맡았으며 만일에 성나면 산신이 타고 다니는 호랑이를 보내어 사람과 가축을 해하고 또한 한발, 홍수, 폭풍, 악질 등 모든 화마를 준다.

대관령산신이 김유신이라는 것은 허균의 『성소부부고』에도 밝혀져 있다. 신라의 김유신장군이 젊었을 때 명주에 유학하여 산신에게 검술을 배워 강릉의 남쪽에 있는 선지사에서 명검을 주조하고, 이것으로 백제와 고구려를 멸망시켜 삼국을 통일했으며, 사후에 대관령의 산신이 되었다고 적혀 있다.

이와 같은 문헌적 기록과 학설을 통해 볼 때, 강릉신화의 주신인 성황신은 범일국사이고, 산신은 김유신장군으로 되어 있음을 알 수 있다. 원래 산신이 우위에 있고 성황신이 버금가야 할 것이나, 김유신보다 범일이 많이 거론되고 있다는 것은 범일국사 쪽이 보다 전설적 확실성을 갖고 있으며 역사적 진실성에 호소한 이야기로 전파되었기 때문이다.

부족단위의 신화는 이와 같이 지역성과 주민성을 닮아가고 있다. 그러나 일부 지역성과 향토성만을 대상으로 한 부족단위 신화일수록 생명이 길지 못하고 편파적일 가능성이 많다. 그러나 강릉 범일국사 신화는 오히려 오랜 세월 지역민들이 앞서서 신화의 생명을 불어넣는 줄기찬 노력으로 아직도 진행형을 유지하고 있다.

다음은 신화와 시대성에 관해 알아보도록 하자.

신화는 왕조나 사상에 좌지우지되어갈 가능성이 농후하다는 것은 이미 앞에서도 얘기했다. 강릉 대성황사의 예를 들어보자. 대성황사는 지금은 사우(신위를 모셔두는 집)가 없어지고 그 자리에 측우소가 들어섰지만 예전에는 12신위, 곧 송악산지신, 태백대왕신, 남산당제형태상지신, 송악산대왕지신, 성황당덕자모지신, 신무당성황신, 김유신지신, 김이사부지신, 초당리부인지신, 서산송계부인지신, 연화부인지신, 범일지신이 봉안되었던 곳이다.

많은 신을 한데 모시는 것은 한국 무격신앙의 특징이기도 하다. 강릉도 예외일 수 없다. 이같이 많은 신이 강릉을 보살핀다고 여기는 것이다. 물론 몇몇 신만을 모시는 지방도 있다. 거기에 비해 강릉은 어떻게 보면 저렇게 많은 뭇 신이 보호해 주는 복 받은 지방으로서 샤만적 색채가 짙은 고장이기도 하다.

위의 신을 인물 중심으로 살피건대 김유신이 나오고 범일국사가 나오고 초당리부인, 연화부인이 나온다. 그러나 신화는 왕조를 닮는다. 조선왕조의 유교적 원리의 성격상 여성인 초당리부인이나 연화부인을 주신으로 올려줄 리 없다. 그렇다고 김유신을 신화의 주인공으로 추대하기에는 너무 타향 인물인데다가 유동적이고 강릉지방을 찾아온 손님 같은 인물이다. 더구나 강릉은 예로부터 문을 숭상하는 문향이고 보니 무신을 주신으로 삼고 싶지 않았던 것인지도 모른다. 또 신라 내물왕 10대의 김이사부(성은 역시 김씨) 역시 무관으로 신이 되었다 하나 김유신 장군신과 같은 입장이다. 이 같은 사유로 선택된 신화적 승리자가 범일이었던 것인지도 모른다.

다음은 다른 각도 즉 사상적 배경을 통한 신화형성 관계를 이야기해 보기로 한다.

범일국사는 이름난 선사였고, 그가 신화의 주인공이 될 수 있었다는 사실은 무엇을 의미하는가 하는 점은 신화를 찾는 데 중요한 관건이 될 것이다. 범일국사의 신화적 구조는 불교 중심의 강릉 사회가 만든 신화적 구조물임을 의미한다. 불교사상이 지배하던 때라면 먼 신라까지 거슬러 올라가게 된다. 아마 범일국사가 신라인이요, 김유신과 이사부가 신라인이었기 때문에 그 때부터 작은 부락 단위별로 부락신화가 발생하여 존속했던 것이 아닌가 한다. 이렇게 볼 때는 통시적 신화의 맹아는 신라시대였고, 고려조의 불교정책에 힘입어 신화전설로 굳어져 갔다고 여겨진다.

지금도 강릉 일대의 지명엔 보광리·금강평 등 불교적인 단어가 많다. 민요조의 가락만 해도 그렇다. 필자가 조사한 학산을 비롯한 강릉 전역의 민요는 불가의 범패소리에 가까운 멜로디를 가지고 있다는 사실만으로도 그 방증이 될 것이다. 또 육성황(고기를 받아 잡수시는 신으로 창해역사를 말한다)과 소성황(고기를 잡수시지 않는 성황신으로 김시습이라고 전한다)으로 불교와의 관계 아래에서 나뉘고 있는 사례만 생각해 보아도 그러하다.

현재 구정면 어단리에 있는 법왕사는 원래 칠성암을 개칭한 절 이름이다. 칠성님을 모시는 풍속은 재래 우리 토속신앙이다. 이는 재래식 우리 전통사상인 원시 무격사상에 불교사상이 들어와 그것을 불교 안으로 동화시켜 왔다는 증거다. 절의 한 모퉁이를 차지하고 있는 칠성님과 성황님도 점점 신격이 떨어져

나가는 모습으로 이와 같이 불교가 강릉의 모든 신을 제압하게 된 것이다. 그러나 무격신앙은 이미 퇴화되어 칠성암이 법왕사가 되어도 거부할 줄 몰랐고, 무녀는 스님신인 국사성황님을 모신다 해도 불만이 없었다. 이 같은 동화작용은 어떻게 보면 아름다운 불교적 사상태도이기도 하다.

법왕사

구전문학체 신화와 전기문학체 신화

앞에서 범일국사의 탄생신화는 살펴보았다. 이제 『조당집』에 나온 범일국사 전기 내용을 살펴보기로 하자. 당말 오대시대 고승의 행적과 어록을 기록한 『조당집』에는 범일의 행적이 잘 나타나 있다.

범일의 가문은 조부의 이름은 술원이며 지금의 강릉지역인 명주의 도독을 지낸 호족이었으며 어머니 역시 강릉 지역에 뿌리를 내린 토착호족(일설에는 지씨, 혹은 문씨)으로 태기가 있을 무렵에 해를 받아드는 꿈을 꾸었다. 그리하여 810년(원화 5년), 뱃속에 태기가 있기 열 석 달 만에 탄생하니 머리카락이 소라처럼 꼬불꼬불 말아 올라간 곱슬머리 모양으로 자태가 빼어났으며, 정수리가 구슬 모양을 한 기이한 모습이었다. 15세가 되어 출가할 뜻을 품고 부모에게 사뢰니 양친이 이런 말을 했다.

“전생의 좋은 인연을 심은 결과이니, 그 뜻을 굽힐 수 없다. 먼저 제도를 받거든 나를 제도해 다오.”

15세에 출가한 그는 수행에 전념하다가 831년 구법의 뜻을 안고 왕자 김의종과 함께 당나라로 들어가게 된다. 그리고 마침내 마조도일의 제자인 제안대사를 만난다.

범일을 본 제안대사가 물었다.

“어디서 왔는가?”

“동국에서 왔습니다.”

범일이 대답하자 대사께서 다시 물었다.

"수로로 왔는가, 육로로 왔는가?"

"두 가지 길을 모두 밟지 않고 왔습니다."

"그 두 길을 밟지 않았다면 그대는 어떻게 여기에 이르렀는가?"

"해와 달에게 동과 서가 무슨 장애가 되겠습니까?"

이 말에 대사가 크게 칭찬했다.

"실로 동방의 보살이로다."

범일이 다시 대사에게 물었다.

"어찌하여야 부처를 이룹니까?"

"도는 닦을 필요가 없나니 그저 더럽히지 말라. 부처란 견해, 보살이란 견해를 짓지 말라. 평상의 마음이 곧 도이니라."

제안대사는 자신의 스승인 마조선사로부터 이어받은 진리의 가르침을 먼 나라에서 온 제자에게 전해준다.

"도는 닦을 필요가 없다. 그저 더럽히지 않으면 된다. 부처라는 견해, 보살이라는 견해를 갖지 말라. 평상의 마음이 곧 도이니라."

날마다 쓰는 평상심이 곧 도라는 스승의 가르침에 범일의 마음은 활짝 열린다. 마음을 깨치고 중생에서 부처로 새롭게 태어난 것이다. 그는 6년 동안 스승을 정성껏 모시다가 호남성 랑주의 약산을 찾아간다.

약산선사 역시 범일이 큰 그릇임을 알아보았다.

"무엇하러 왔는가?"

"화상을 찾아 왔습니다."

"여기는 길이 없는데 어떻게 찾아왔는가?"

"화상께서 다시 한 걸음만 나가신다면 저는 화상을 뵙지도 못할 것입니다."

약산선사는 "대단히 기이하구나. 대단히 기이하구나. 밖에서 들어온 맑은 바람이 사람을 얼리는구나."라고 말했다.

맑은 바람은 바로 범일을 가리킨다. 그 바람이 시원하다 못해 얼마나 차가웠으면 사람을 얼릴 정도로 강력했을까. 범일은 그처럼 뛰어난 근기를 가지고 마음을 깨친 인물이었다.

범일은 그 후 중국의 여러 곳을 다니다가 장안에 들렀다. 그러다가 844년(회창 4) 7월 당나라 무종이 칙령으로 승려를 탄압하고 사찰건물의 철거하며 불교를 박해하는 것을 직접 목도하게 된다. 회창법난이라 일컬어지는 무자비한 불교탄압으로 4,600여 사찰이 파괴되고 칙령으로 환속한 승려만도 26만 명에 이르렀다.

범일 역시 법난을 피할 수 없어 갖은 고생을 하게 된다. 먹을 것이 없어 떨어진 과일을 주워 먹으면서 배를 채웠고, 흐르는 냇물을 마시면서 목마름을 달래야 했다. 몸은 바짝 마르고 기력이 떨어져 더 이상 걸을 수 없게 된 어느 날 꿈에 이상한 사람이 나타나서 "이제 떠나시지요!" 라고 말한다. 억지로 걸으려 해도 걸을 수 없을 만큼 기진맥진했을 때 어느 결에 짐승들이 떡과 먹을 것을 물어다가 던져주니 그걸 주워 먹으며 '소주에 가서 육조 혜능조사의 탑을 참배하리라.' 맹세했다.

천리를 멀다 여기지 않고 조계에 다다르니, 향기 어린 구름이 탑묘 앞에 서리고 신령한 학이 훌쩍 날아 와서 누대 위에서 지저귀니 절의 대중이 모두 이렇게 수근거렸다.

"이러한 상서는 실로 처음 있는 일이다. 필시 선사께서 오신 징조일 것이다."

범일은 육조 혜능조사의 탑에 참배한 다음 비로소 돌아올 결심을 하게 된다. 846년(회창 6년) 8월에 고국을 떠난 지 16년 만에 다시 뱃길에 올라 신라로 돌아왔다.

범일은 귀국한 후 4년 동안 경주와 충청도에 있는 백달산에 머물다가 41세가 되던

해인 851년에 명주도독인 김공의 청으로 굴산사로 옮겨 왔다. 이때 어떤 이가 물었다.

"어떤 것이 조사의 뜻입니까?"

선사께서 대답했다.

"육대(혜능)에도 잃은 적이 없느니라."

"어떤 것이 대장부가 힘써야 할 일입니까?"

선사께서 대답했다.

"부처의 계급을 밟지 말고, 남을 따라 깨달으려 하지 말라."

그리고 경문왕 헌강왕 정강왕이 모두 범일선사를 국사에 봉하기 위해 특별히 모시는 예를 다하여 서울로 모시려 했으나 선사께서 오랫동안 곧고 굳은 덕을 쌓았기에 끝내 나아가지 않았다. 그리고 문덕 2년 4월 끝에 문인들을 불러 이렇게 말했다.

"나는 곧 먼 길을 떠나련다. 이제 너희들과 작별을 고하노니 너희들은 세상의 감정으로 공연히 슬퍼하지 말라. 다만 스스로가 마음을 닦아서 종지를 추락하지 않게 해야 될 것이다."

그리고는 5월 1일에 오른 겨드랑이를 대고 발을 포개고 굴산사의 윗방에서 입멸하시니, 세수는 80세요, 승랍은 60세요, 시호는 통효요, 탑호는 연휘였다.

위에서 보듯 『조당집』은 범일국사의 실담을 전기체적 필법으로 소상히 밝히고 있다. 이해를 돕기 위해 학산 신화전설과 『조당집』을 대비해 보면 다음과 같다.

구분	학산 신화전설	조당집
출생 신분	대갓집 규수의 사생아	계림의 호족 김씨 집안의 아들
문체	민속(구비)문학체	전기(전기소설)체
등장 인물	대갓집 딸·아이(처녀)와 햇빛(햇살)	(한국인) 사염관·술원·계림호족 김씨·지씨·김의종·범일 (중국인) 제안대사·약산
상승 과정	전설→신화	전설→전설
갈등 과정	석천(학산) … 우물 속의 '해 마심'에 대한 갈등이 심화 ↓ ↓ ↓ (석천에서 대관령으로 이동) 용신정(대관령) … 정화수로 인한 갈등의 정화	산신 만남(상산사호 산신 중 한 분) ↑ (회창 4년의 사태) ↓ 강신 만남(범일을 인도한 하백신)
조력 동물	학(여의주)	학과 짐승들
제자	-	문인(10성제자를 두었다고 한다.)
입적 장소	-	굴산사 윗방

구분	학산 신화전설	조당집
휘	운산·대관령 국사성황신	범일
신이담	고려 태조가 신검을 토벌하기 위해 대관령에 왔을 때 승신(범일국사신)과 속신(김유신장군신)이 부린 신병의 도움으로 승리했다.	향기 어린 구름이 탑묘 앞에 서리고, 여의주의 빛이 청구의 경계를 끝까지 비쳤다.

국사가 속계여인을 아내로 취하다

한편, 범일국사에 대한 민중의 창작적 사고법은 엄청난 비유와 의인법을 창출한다. 민중들 생각 속의 범일국사는 그냥 대관령의 스님신으로만 끝나지 않고 오히려 장가까지 든다는 것이다. 굉장한 역설적 발상이다. 이야기는 이러하다.

옛날 강릉현 최돈목네에 동래 정씨인 정현덕네가 살고 있었다. 그 집에 과년한 딸이 있었는데, 하루는 꿈에 대관령 성황신이 나타나 정씨집에 장가들기를 청했다. 그러나 정씨 부부는 사람이 아닌 성황을 사위로 삼을 수 없노라고 거절했다. 그런 후 어느 날 정씨의 딸이 노랑 저고리에 남치마를 입고 뒷마루에 앉아 있는데 호랑이가 와서 업고 달아나 버리고 말았다.

정씨를 업고간 호랑이는 대관령 성황신이 보낸 사자로서 그 처녀를 모셔오라는 분부를 받고 왔던 것이다. 대관령 국사성황은 그 정씨처녀를 데려다가 자기의 처로 삼았던 것이다. 딸을 잃어버린 정씨네에서는 큰 난리가 났으며 마을 사람의 말에 의해 호랑이가 물어간 것을 알게 되었다. 가족들이 대관령 국사성황을 찾아가 보니 성황과 함께 서 있는데 벌써 죽어 정신은 없고 몸만 비석처럼 서 있었다. 가족들이 화공을 불러 화상을 그려 세우니 처녀의 몸이 비로소 떨어졌다는 설화다.

– 임동권, 『한국민속학논고』, 선명문화사, 1973

정씨가 살던 집엔 강릉 부자 최준집 씨 자손이 살고 있는데, 이 최씨네에도 예전 자기 집에서 일하던 계집아이가 있었는데 과년하여 시집가게 되었다. 시집가기 전날 밤 그녀가 머리를 감으려 하자 어머니가 머리를 감으면 범에게 물려 간다 하고 만류했으나 말을 듣지 않고 머리를 감았다. 호랑이도 제 말 하면 온다는 속담 그대로 처녀는 범에게 물려 가고 말았다. 그래서 그 집안에서는 역시 대관령 산신의 처사로 보고 있다.

– 김선풍, 『한국시가의 민속학적 연구』, 형설출판사, 1977

경방댁 치제

이 같은 강압적 결혼을 엘리야데는 '신들의 결연' 이라 했다. 신들의 결연을 통해 세 가지 의의, 곧 개성적, 사회적, 우주적 의의를 노리고 있다는 것이다. 신화가 신화로 존속하기 위해서는 이 같은 기적이 따라야 한다. 신과 신 사이에는 부자, 부모, 모자, 모녀 등의 관계를 갖기 마련인데 정씨가 처녀의 결연은 퍽 흥미로운 연구 과제로 남아 있다. 정씨녀를 물고 간, 산신이 타고 다니는 호랑이는 과연 어떻게 처리해야 옳은 것인가 하는 문제가 흥미롭기만하다.

굿노래에서도 부활한 범일스님

끝으로 굿을 할 때 부르는 노래에 나오는 신은 누구인지 알아보자. 강릉단오제 행사나 동해안별신제 때 부르는 '당고마기(당금아기)' 끝 부분에 보면 다음과 같은 구절이 나온다.

Ⓐ 아버지를 만났으니 우리들을 먹고 살기를 마련해 주십시오.

오냐, 먹고 입기를 마련해 주지.

너는 맏아들은 경상도 태백산의 석불보살미륵님이 되어 가거라.

저, 뭘 먹고 사오리까.

어, 석달 열흘 백일 불공맞이 각각 자여손들 찾아 가는 손도 많고 여러 신자들도 많이 가며, 내 소원성취 이루려고 공양맞이 받아먹고 살지.

둘째 아들은 너 될 것이 있지. 너는 대관령 국사신령이

되어라. 국사신령 산신이 되어라.

산신은 뭘 먹습니까.

너는 언제나마 국사성황님 자실 때 언제든지 너의 제사를 먼저 올린다.

그런데 셋째 아들도 역시 먹고 입기를 마련해 주옵소서.

응, 너는 될 것이 있다. 강원도 금강산 부처님이 되어 가거라.

부처님이 되면 뭘 받아먹고 사옵니까.

응, 40공양맞이 받아먹고 살지…

Ⓑ 아버지요 우리 삼 형제 이름을 지었으나 우리 삼 형제로 먹고 입게 마련해 주시오.

오냐 오냐, 너그 삼 형제 먹고 입게 마련하자.

맏아들은 가서 금강산 신령님 되고,

둘째 아들은 태백산 문수님 되고,

셋째 아들은 대골령에 국사나라 당 오백 년에 내려오시는 국사나라 당산 서황님을 매련하자.

Ⓒ 이름을 지었지마는 먹고 입기 마련하시오.

맏아들 될 것 있다. 금강산 부처님으로 되어라.

부처님은 어떻소. 아침에 삼십삼층 저녁에 이십팔수야끼마다 받아먹기 마련이지.

둘째 아들은 태백산 문수보살 마련하자.

문수보살이 뭐를 먹소.

열렸다 염복마지, 저올라 지붕맞이, 치마처를 받아먹지.

셋째 아들은 될 것이 있네,

골매기 삼신 마련하야 골매기 성황님 마련합시다.

동네방네 전에 골매기 점지하여

시우야 삼년만큼 우별신아 좌별신아 거리별신

네 별신으로 받아먹기 마련이지.

세존굿

신가 Ⓐ, Ⓑ, Ⓒ를 쉽게 이해할 수 있도록 도표로 비교해 보면,

채집자	김선풍 Ⓐ	김태곤 Ⓑ	최정여·서대석 Ⓒ
구송자	박용녀	사화선	김유선
년령	62세	43세	44세
주소	강원도강릉시 성남동51번지19반	강원도강릉시 입암동39반	경북영일군금수면 영암3리
조사 장소	강원도강릉시문화원 (홍제동15번지)	강원도강릉시 임암동8번지	부산시동래구중일동 6통6반1070
조사 일시	1974. 7. 11	1968. 1. 18	1972. 7. 19
당금아기 첫째 아들의 변신	태백산석불보살미륵님	금강산신령님	금강산부처님
당금아기 둘째 아들의 변신	대관령국사신령 (국사신령산신)	태백산문수님	태백산부처님
당금아기 셋째 아들의 변신	금강산부처님	국사나라당산서황님	골매기성황님
당금아기 자신의 변신	숭숭벌레→ 강구→ 삼신할머니	강구→ 진두→ 삼신할머니	구시→ 서낭→ 삼신할머니

위의 도표 중 최정여·서대석본에는 강릉의 신이 나오지 않기 때문에 김선풍본 Ⓐ와 김태곤본 Ⓑ만을 다시 정리해 보기로 한다.

첫째, 김선풍본 Ⓐ와 김태곤본 Ⓑ는 모두 부자집 딸이고 또 둘 다 비정상적으로 태어났다는 점은 같으나, Ⓐ처녀는 평범한 사람으로 그 생을 마쳤고, 그 아들 범일만이 신격화 되어 가는

진행법임에 반해, Ⓑ처녀는 당대에 신격을 얻어 신화의 주인공이 되었다는 점이 다르다.

둘째, 잉태시킨 주인공은 Ⓐ본에서는 표주박(우물) 속의 햇빛으로 나오고, Ⓑ본에서는 석가님(또는 시준님)으로 나타나는데, 당고마기 신가는 원시불교신화에 가까운 신가임을 이해할 수 있다.

셋째, Ⓐ본은 일정한 고정된 증거물(학산의 돌바위와 석천 우물)을 가지고 있는 전설 발생 장소에 근거를 두고 있으며, Ⓑ본은 불가의 수미산 아가씨라는 증거를 대고 있다.

넷째, 아이를 버린 장소는 모두 바위란 점과, 학이 아이를 보호해 주고 있다는 점은 동일하다.

다섯째, Ⓐ본은 단순하지만, Ⓑ본은 단군신화나 주몽신화처럼 주인공들에게 시련을 가하는 과정이 있어 복합신화 구조를 지니고 있다.

설화에 나타나는 영웅들은 대개 잉태도 괴이하며 그 출생 후에 버림을 받는 예가 많다. 이와 같이 영아를 버린 신화 이야기를 '기아신화'라고 부르는데 전 세계적에 널리 분포되어 있다. 우리나라에서 구전되는 서사신가 중 '바리공주'와 '신중도푸리'같은 신가가 이에 속한다.

여섯째, Ⓐ본의 처녀는 단지 죽어 흙이 되는 전설적 종말로 끝났지만, Ⓑ본의 처녀는 아들과 더불어 신격을 얻게 되었으니 여기서 전설과 신화의 분기점이 생기게 된다. Ⓐ본의 전설은 다만 자식대에 가서나 신화적 인물이 된다. 처녀의 아들인 범일국사신의 존재는 다름 아닌 세간의 넓은 공감성과 공시성을 얻은 그 뒷세상의 인격(인물)로 판단된다. 그 신격적 존재 가치도 얼마간의 세월이 흐른 다음 다시 주민들의 종교적 감정이입이 흘러 들어가 창조된 인격신임을 알 수 있다.

'신령산 괴비고사리 꺾기' 놀이

학산 아이들은 아직까지도 신을 못 잊어 신령산(칠성산·대관령)에서 동요 '신령산 괴비고사리 꺾기'를 부르고 있다. 이 '신령산 괴비고사리 꺾기' 놀이는 주로 강강술래가 성행되고 있는 전남의 도서 해안지방에서 많이 노는 놀이라고 되어 있으나 『조선의 향토오락』에 보면 강원도·경기·충북·경남에서도 행해지고 있었음을 알 수가 있다. 주로 여자 어린이와 처녀들이 하나, 강원도 강릉 학산 지방에서는 어린아이들이 산에 있는 봉분을 돌면서 노는 게 특징이다.

전남의 고사리꺾자놀이가 8월 한가윗날 밤에 성행되었으나, 강원도 고사리꺾자놀이는 음력 4월부터 7월 사이에 김매기가 끝난 후 어린아이들이 동네 뒷산 묘 주변에 모여 놀았다. 이들은 소를 몰고 방울소리를 신호로 약속장소에 모여 놀았거나, 나무를 하고 돌아오는 도중에 잠시 놀기도 한다. 이때 부르는 소리를 일명 '신령산 괴비고사리 꺾기'라고 한다.

신령산 괴비고사리 꺾기 놀이는 산에 올라가 주루먹(뒤에 멘 망태)에 고사리를 꺾어 담고 못등에 메기는 사람(초동의 우두머리인 대방)이 올라가 앞소리를 하면 놀이꾼 전원이 둥그렇게 손을 잡고 받는 소리를 하면서 봉분을 돌면서 집단무용을 한다.

그 대형은 대개 둥그렇게 빙빙 돌기·둥그렇게 서서 안으로 들어왔다가 밖으로 나가기·골뱅이 모양으로 돌기·문잡이형이 있는데, 대개 손 흔들기·고사리 꺾기·망태에 고사리 넣기·문잡기와 꿰뚫어 가기 순으로 놀이가 진행된다.

강강술래나 신령산 괴비고사리 꺾기 놀이는 원시 원무의 잔영으로 이해할 수 있으며, 또 놀이와 민요를 통해 효심을 함양해 왔던 교육적 의미도 그 속에서 찾아 볼 수 있다. 원을 그리며 논다는 것은 하늘신(해와 달과 별)을 모방하고 모의한 행위예술이란 뜻이다. 효심이 천심인지라, 학산 아이들은 노래와 몸짓으로 신령산의 신맞이 놀이를 즐겼으니, 아마 신령산의 신령한 신이 범일국사신이 아니었을까.

입적 후에 더 유명해진 범일국사

왕건은 고려 태조로 등극하자 곧 '훈요십조'라고 하는 훈칙을 자손들에게 내린다. 그중 하나가 바로 "산천제를 꼭 지내도록 하라."는 대목이다. 『고려사』에 보면 어느 임금이 타 종교에만 몰입하고 산천제 지내기를 소홀히 하자 한 신하가 나아가 "훈요십조를 잊으셨나이까."라고 주상하니 이내 왕이 산천제를 지냈다는 기록이 있다.

그렇다면 왕건 태조가 어찌하여 산천제에 연연했을까. 앞에서 이미 언급한대로, 그는 승신 범일국사신과 속신 김유신장군신이 부린 신병 덕분에 대관령에서 신검을 토벌할 수 있었다. 그 은덕을 잊지 않기 위해 태조는 산천제를 재삼 강조 했던 것이다.

신이 좌정하신 대관령 일대는 그야말로 신성한 장소이다. 과거 신이 좌정하신 대관령 일대는 '하마비'가 세워져 있어 그야말로 임금님도 말에서 내려와 걸어갔다고 전해 오고 있다.

오늘날 『논어』는 전 세계인이 읽고 있는 필독서로 되어 있다. 이 책을 펴낸 이는 바로 공자의 제자 자사라고 전해 오고 있다. 범일국사 역시 10성제자를 배출했다고 하니 이 또한 자랑이 아닐 수 없다. 범일국사 이야기가 광포설화로 자리 잡게 된 이유도 다 십성제자의 음덕이 아니었을까 조심스레 짐작해 본다.

03

범일국사, 시대를 흐르며 신화의 주인공이 되다

김경남(한중대학교 전통문화학과 교수)

신화는 우리를 우리이게 하는 시원이다

신화란 '우주 및 세계의 창조, 신이나 영웅의 사적, 민족의 기원 등에 대한 고대인의 사유나 표상이 반영된 신성한 이야기'라고 백과사전에 정의되어 있다.

또한 신화는 인간과 자연의 세계를 동일시한 고대인의 상상력을 통해 꾸며진 이야기이며, 이것은 인간과 자연을 동일시하여 인간에 대한 총체적 이해를 도모하려했던 고대인들의 사고에서 찾아볼 수 있는 두드러진 특징의 하나라고 학자들은 설명하고 있다. 제의학파들은 인간들이 삶의 갈등을 해소하며 인간다운 삶을 이룩하려는 욕구의 분출 행동으로 표현된 것이 제의이며, 그것이 이야기로 표현된 것이 신화라고 했다.

서양정신은 그리스·로마 신화에 뿌리를 두고 있으며, 중국, 일본도 각각의 신화를 가지고 있다. 우리나라에도 단군신화가 있다.

그러면 이 첨단시대에 현대의 논리로는 이해가 잘 안 되는 신화를 왜 믿고, 이를 생활에서 인용하며 이용하고 있을까? 무엇 때문일까? 이 시대에 신화의 효용은 무엇일까? 그것은 아마도 신화가 우리의 정체성을 형성하는 매개 역할을 하기 때문일 것이다. 우리를 우리이게 하는 그 무엇의 시원에 신화가 있기 때문이다. 신화를 통해서 우리는 하나로 소통할 수 있고, 이를 통해 화합을 이루는 아이콘이 신화인 것이다. 우리의 일상과 가장 친숙한 어떤 거대한 것이 입에서 입으로 전해지면서, 윤색되고 첨가되어 문화가 되고 문화의 정체성이 만들어지는 것이다.

영웅의 일생과 범일신화의 탄생 과정

신화 탄생 과정은 고대소설에서 영웅의 일생—고난과 그것의 극복과정, 그리고 비로소 영웅의 탄생—과도 유사한 과정을 보여준다. 자연환경이 인간의 삶에 영향을 주고 삶의 형태가 인간의 사고에 많은 영향을 준다. 인간은 살아가면서 하늘, 땅, 별, 동물, 나무 등과 같은 우주 그리고 자연에 대하여 끊임없는 관찰과 사유를 해왔다.

인간이 자연과 인간 자신에 대해 깊이 생각하고 관조하게 되었던 것은 수렵 채집시대 방랑생활을 끝내고 정착생활을 이룬 농경시대부터라고 할 수 있다. 이때부터 천지창조나 최초의 인간탄생, 우주개벽에 관한 원인과 유래를 설명하는 이야기가 본격적으로 만들어졌다. 정착생활이 본격적으로 문화를 만들어가는 시기이기 때문이다. 창조신화, 건국신화, 마을신화 등 모두 근본적 모티브는 유사하다고 볼 수 있다.

강릉단오제의 대관령국사성황신 범일국사 신화도 이와 비

슷하다. 『고려사』에 나타난 기록을 보면 스님이 꿈속에서 태조를 도왔다고 나오고, 또 왕순식의 진술에 의하면 스님을 모신 사당에 제사를 지냈다는 구체적 진술이 나온다. 그러나 그 스님이 범일이라는 단서는 보이지 않는다. 어쩌면 이러한 진술에 의거하여 후대에 범일이야기는 설득력을 얻으며 지역 주민의 의식을 담아내는 신화적 전설로 발전했을 가능성이 크다.

대관령이라는 공간은 강릉지역의 신앙적, 지리적, 풍수적, 군사적 의미에서 지역 주민들에게 가장 큰 관심과 주목을 받는 곳으로 이미 고려사의 기록 이전에 국가차원의 제의 또는 마을 단위의 제사가 이루어졌던 공간으로 볼 수 있다. 그 후 고려 태조와 대관령과의 관계 때문에 이곳은 지역 주민들에게 더욱 더 신성한 공간으로 자리를 잡았을 것이다. 이러한 제의 속에 범일국사라는 인격신이 출현하고 이를 신성하게 여기는 신화가 필연적으로 탄생했을 것이다.

『조당집』 속의 범일국사 모습

범일국사의 일대기를 자세히 기록한 문헌자료로 『조당집』 제17권에 실린 내용은 이러하다.

> 통효대사는 염관의 법을 이었다.
>
> 이름은 범일이며, 계림의 호족인 김씨였다. 조부의 이름은 술원이며, 벼슬이 명주도독에까지 이르렀는데 청렴·공평하게 시속을 살피고, 너그러움과 용맹으로 사람을 대하니 밝은 소문이 아직도 민요에 남아 있고 그 밖의 것은 전기에 갖추 전하고 있다.
>
> 그의 어머니 지씨는 여러 대를 내려오는 호귀한 씨족으로서 세상에서 부녀의 모범이라 불렀는데 태기가 있을 무렵에 해를 받아드는 꿈을 꾸었다. 그리하여 810년(원화 5), 경인 정월 십일에 탯속에 있기 열 석 달 만에 탄생하니 곱슬머리의 특수한 자태이며, 정수리에 구슬이 있어

이상한 모습이었다.

나이 십 오세가 되어 출가할 뜻을 품고 부모에게 사뢰니, 양친이 함께 이런 말을 했다.

"전생의 좋은 인연을 심은 결과이니, 그 뜻을 굽힐 수 없다. 먼저 제도를 받거든 나를 제도해 다오"

이에, 속복을 벗고 부모를 떠나 산으로 들어가 도를 닦았다. 나이 스무 살에 서울(경주)에 가서 구족계를 받고는 청정한 행을 두루 닦되 부지런하고도 더욱 부지런하여 출가인들의 귀감이 되었고 동학들의 모범이 되었다. 태화 연간에 이르러 혼자서 맹세하기를 '중국으로 들어가 구법하리라' 했다.

그리고는 마침내 조정에 들어 왕자인 김의종 공에게 그 뜻을 피로하니 공이 선사의 착한 포부를 소중히 여기는 뜻에서 동행하기를 허락하매 그 배를 빌려 타고 당에 도달했다. 이미 숙세의 원을 이룩했는지라 곧 순례의 길에 올라 선지식을 두루 탐문하던 끝에 염관 제안대사를 뵈니 대사가 이렇게 물었다.

"어디서 왔는가?"

선사께서 대답했다.

"동국에서 왔습니다."

대사께서 다시 물었다.

"수로로 왔는가? 육로로 왔는가?"

"두 가지 길을 모두 밟지 않고 왔습니다."

"그 두 길을 밟지 않았다면 그대는 어떻게 여기에 이르렀는가?"

"해와 달에게 동과 서가 무슨 장애가 되겠습니까?"

이에 대사께서 칭찬했다.

"실로 동방의 보살이로다."

선사께서 물었다.

"어찌하여야 부처를 이룹니까?"

대사께서 대답했다.

"도는 닦을 필요가 없나니 그저 더럽히지 말라. 부처란 견해, 보살이란 견해를 짓지 말라. 평상의 마음이 곧 도이니라."

선사가 이 말씀에 활짝 깨닫고 육년 동안 정성껏 모시다가 나중에 약산에 가니 약산이 물었다.

"요즘 어디서 떠났는가?"

선사께서 대답했다.

"강서에서 떠났습니다."

"무엇하러 왔는가?"

"화상을 찾아왔습니다."

"여기는 길이 없는데 그대가 어떻게 찾아왔는가?"

"화상께서 다시 한 걸음 나아가신다면 저는 화상을 뵙지도 못할 것입니다."

이에 약산이 찬탄했다.

"대단히 기이하구나! 대단히 기이하구나! 밖에서 들어온 맑은 바람이 사람을 얼리는구나!"

그 뒤로 마음대로 행각을 다니다가 멀리 서울에 들리니 때마침 844년(회창 4)의 사태를 만나 중들은 흩어지고 절은 무너져서 동분서주하여 숨을 곳이 없었는데 때마침 하백의 인도로 따라가다가 산신의 마중을 받아 상산에 숨어서 홀로 선정을 닦는데 떨어진 과일을 주워 배를 채우고 흐르는 냇물을 마셔 목마름을 달래니 행색이 바짝 마르고 기력이 부쳐서 감히 걸을 수가 없게 된 채로 반해가 지난 어느 날 갑자기 꿈에 이상한 사람이 나타나서 이렇게 말했다.

"이제 떠나시지요!"

이에, 억지로 걸으려 했으나 도저히 힘이 미치지 못하더니 어느 결에 짐승들이 떡과 먹을 것을 물어다가 자리 옆에다 던지니 일부러 주는 것이라 생각하고 주워 먹었다.

나중에 맹세하기를 '소주에 가서 조사(혜능)의 탑에 예배하리라' 하고 천 리를 멀다 여기지 않고 조계에 다다르니, 향기 어린 구름이 탑묘 앞에 서리고 신령한 학이 훌쩍 날아 와서 누대 위에서 지저귀니 절의 대중이 모두 이렇게 수근 거렸다.

'이러한 상서는 실로 처음 있는 일이다. 필시 선사께서 오신 징조일 것이다.'

이때 고향에 돌아와 불법을 펼 생각을 내어 846년(회창 6) 정묘 8월에 다시 뱃길에 올라 신라로 돌아오니, 정자 위를 비치는 달빛은 현토의 성에 흐르고, 교교한 여의주의 빛은 청구의 경계를 끝까지 비쳤다.

대중 5년 정월에 이르러, 백달산에서 머물고 있을 때 명주의 도독인 김공이 굴산사에 주석할 것을 청하매, 한 번 숲 속에 앉은 뒤로는 사십 여 년 동안 줄지은 소나무로 도를 행하는 행랑을 삼고, 평평한 돌로써 좌선하는 자리를 삼았다. 어떤 이가 물었다.

"어떤 것이 조사의 뜻입니까?"

선사께서 대답했다.

"육대(혜능)에도 잃은 적이 없느니라."

"어떤 것이 대장부가 힘써야 할 일입니까?"

선사께서 대답했다.

"부처의 계급을 밟지 말고, 남을 따라 깨달으려 하지 말라."

함통 12년 3월에는 경문대왕이, 광명 원년에는 헌강대왕이 모두 특별히 모시는 예를 다하여 멀리서 휴양하였고, 국사에 봉하기 위해 모두 중사를 보내어 서울로 모시려 했으나 선사께서 오랫동안 곧고 굳은 덕을 쌓았기에 끝내 나아가지 않더니 갑자기 문덕 2년 기유 4월 끝에 문인들을 불러 이렇게 말했다.

"나는 곧 먼 길을 떠나련다. 이제 너희들과 작별을 고하노니 너희들은 세상의 감정으로 공연히 슬퍼하지 말라. 다만 스스로가 마음을 닦아서 종지를 추락하지 않게 해야 될 것이다."

그리고는 오월 일일에 오른 겨드랑이를 대고 발을 포개고 굴산사의 윗방에서 입멸하시니 세수는 80세요, 승랍은 60세, 시호는 통효요 탑호는 연휘였다.

구전자료에 나타난 범일 신화

구전자료에서는 범일국사에 대해 다음과 같이 이야기되고 있다.

옛날 한 양가의 처녀가 굴산(지금 강릉 학산)에 살고 있었다. 나이가 많아도 시집을 못가고 있었다. 이 처녀가 석천에 물을 길러 갔다가 표주박에 햇볕이 유난히 비쳐오기에 아무 생각 없이 그 물을 마셨다. 그 후 날이 갈수록 배가 달라지더니 14개월 만에 뜻하지 않게 옥동자를 낳았다. 처녀의 몸으로 아이를 낳은 그는 말할 나위도 없거니와 부모들 역시 놀라 집을 그르치고 망신시킬 변고라 하여 부끄럽고 수치스러운 나머지 젖 한 번 빨리지 못하고 포대기에 싸서 바위 밑에 내 버렸다.

죄 없는 어린 생명을 죽이기에는 어미 된 이의 마음이 따가웠던 것이다. 사흘 뒤에 어머니는 버린 아이가 궁금하고 마음이 아파서 아침 일찍 버린 아이가 궁금해 바위에 가 보았다. 마땅히 죽었어야 할 아이가 죽지 않고 그대로 살아 눈을 뜨고 있는 것이다. 이에 놀란 어머니는 하룻밤을 새워가면서 아이의 둘레를 살피면서 눈 속에서 밤을 새우며 기다리고 있었다. 한밤중에 백학 한 마리가 난데없이 날아오더니 두 날개로 아이를 깔고 덮어 주면서 하룻밤을 새우고, 새벽이 되자 자리를 정돈해 놓고 아이 입에다 붉은 열매 세 알을 넣어 주고는 어디론지 사라져 버린 것이다. 신기한 일이었다. 그 다음 날도 계속 지켜보았으나 아이는 제대로 자라고 있었다. 이러한 사실을 집안에서까지 알게 되었다.

아이가 범상하지 않음을 안 집안에서는 버리면 죄가 될까 두려워서 다시 데려와 기르게 되었다. 애비 없는 자식이란 조롱과 학대를 받으면서 4~5세 될 때까지 아무 말 없이 지내고 있었다. 그러던 어느 날 어머님께 향하여 조용히 꿇어앉아서 절하고,

"나는 정말 아버지가 없습니까?"

하고 질문을 하게 되자 어머니는 도리가 없어 전후의 사실을 그대로 말했다.

말을 듣고 있던 그는 어머니 앞에서 절하고 하는 말이,

"불초자는 어머니를 위하여 반드시 큰 사람이 되어 돌아올 것이니 근심하거나 저를 찾지 말아 주십시오."

하고는 서로 이별했다.

그 후에 어머니는 늙고, 아이는 국사라는 승가의 최고 지위를 가지고 돌아와 어머니를 봉양하면서 굴산사를 세웠다고 한다. 그리고 학이 아이를 기른 바위를 이름하여 '학바위'라 하고 아이 이름을 범일국사라고 했다. 범일국사가 창안한 굴산사는 문성왕 13년(851)에 창건되었고 굴산사 융성기에는 승려들 수만 해도 200명이 넘었다고 한다.

범일이란 이름도 해가 떠 있는 표주박의 물을 떠먹고

잉태했다고 해서 붙여진 것이었다. 범일국사가 강릉에 있을 때 왜란이 일어나 국사가 대관령에 올라가 술법을 쓰니, 산천초목이 모두 군사로 변하여 왜군이 감히 접근치 못했다고 한다. 이같이 국가와 향토수호에 공이 큰 국사는 죽어서 국사성황지신이 되었다고 한다.

우주론적 신화로 탄생한 아이

그의 어머니 지씨는 여러 대를 내려오는 호귀한 씨족으로서 세상에서 부녀의 모범이라 불렀는데 태기가 있을 무렵에 해를 받아드는 꿈을 꾸었다. 그리하여 809년(원화 4)년 경인 정월 십일에 태속에 있기 열석 달 만에 탄생하니 소라껍질처럼 말아 올라가는 곱슬머리의 특수한 자태이며 정수리가 구슬모양을 한 이상한 모습이었다.

– 『조당집』

처녀가 석천에 물을 길러 갔다가 표주박에 햇빛이 유난히 비쳐오기에 아무 생각 없이 그물을 마셨다. 그 후 날이 갈수록 배가 달라지더니 14개월 만에 뜻하지 않은 옥동자를 낳았다.

– 『구전자료』

『조당집』에는 범일의 어머니가 '태기가 있을 무렵에 해를 받아드는 꿈을 꾸었다.'고 기록했다. 그리고 『구전설화』에는 '처녀가 석천에 물을 길러 갔다가 표주박에 햇빛이 유난히 비쳐오기에 아무 생각 없이 그 물을 마셨다.' 라고 되어 있다.

그 후 13달 또는 14개월 만에 옥동자를 낳았다는 것이다.

태양은 생명 탄생의 근원으로 볼 수 있다. 그러므로 신화의 주인공은 보통의 사람보다 신성한 존재로 항상 나타난다. 태양과 물이 화합을 하였을 때 창조(생성)가 이루어진다. 그것은 바로 가장 자연스러운 우주의 원리 즉, 음양의 원리에 기초한 것이다. 이러한 것은 인간뿐만 아니라 자연계의 모든 사물의 창조가 이루어지는 근본인 것이다. 다시 말하면 천(하늘)=태양=불=남=양이요, 지(땅)=달=물=여=음에 해당하는 것이다. 인간의 탄생도 이 원리에 결코 벗어나 있지 않으며 이는 신화적 원형 상상력의 특징이다.

그리고 표주박의 원형은 바로 알이다. 주몽신화, 박혁거세신화, 김알지신화, 수로왕신화 등 다 같이 난생신화에 속한다. 이들 신화는 태양숭배사상에 속하는 신화라고 할 수 있으며 범일스님의 탄생도 이와 관련된 양상의 것이다. 또한 『구전자료』의 이기에 의한 비정상적인 출생은 이야기의 신성한 상징을 이루는 하나의 결과물이다. 아버지의 정체가 모호하여 비정상적인 임신이 이루어지고 어머니가 홀몸으로 아기를 낳아 기르는 상황은 바로 신성성의 획득을 위한 신화적 상상력이며, 우주론적 탄생이다.

신성한 탄생 공간으로서의 바위

> 나중에 맹세하기를 '소주에 가서 육조 혜능조사의 탑에에 예배하리라' 하고 천 리를 멀다 여기지 않고 조계에 다다르니, 향기 어린 구름이 탑묘 앞에 서리고 신령한 학이 훌쩍 날아 와서 누대 위에서 지저귀니 절의 대중이 모두 이렇게 수근 거렸다. '이러한 상서는 실로 처음 있는 일이다. 필시 선사께서 오신 징조일 것이다.'
>
> — 『조당집』

이에 놀란 어머니는 하룻밤을 새워가면서 아이의 둘레를 살피면서 눈 속에서 밤을 새우며 기다리고 있었다. 자정이 되어갈 무렵, 백학 한 마리가 난데없이 날아오더니, 두 날개로 아이를 깔고 덮어 주면서 하룻밤을 새워주면서, 새벽이 되자 자리를 정돈해 놓고 아이 입에다 붉은 열매 세알을 넣어 주고는 어디론지 사라져 버린 것이다.

신기한 일이었다. 그 다음 날도 계속 지켜보았으나 아이는 제대로 자라고 있었다.

-『구전자료』

『조당집』에 범일스님의 행적에 신비한 탄생의 공간으로 등장하는 곳이 아니지만 조계라는 불교 성지에 도착하자 신성한 학이 날아와 스님을 경하하듯 학이 지저귀며 울었다는 기록이 보인다. 이는 신성성을 갖추고 있는 기록이며, 후대의 학바위 이야기를 형성하는 좋은 신화 요소로 작용했다 하겠다.

우리 민족은 바위나 돌을 영험의 대상으로 숭배해 왔다. 돌이 지닌 문화적 양상은 돌의 신비로운 힘으로 인하여 그것이 그대로 인간의 사상과 문학에 반영되었다.『구전자료』에 보면 '아이를 버렸지만 백학 한 마리가 난데없이 날아오더니 두 날개로 아이를 덮어 주면서 아이 입에다 붉은 열매 세 알을 넣어 주고는 어디론지 사라졌다'는 것이다, 그 후로 그 바위를 '학바위'라 했다. 이러한 바위에 제사를 지내거나 기도의 신앙처로 삼는 예는 전국 도처에 있다.

전설의 경우로 보더라도 이러한 예는 강릉 경포호수 옆에 '홍장암' 이라는 이름의 바위가 먼저 있고 거기에 설화가 생긴 것이 아니라 고려 때 관찰사 박신과 홍장의 이야기가 있은 다음 후대의 사람들이 그 바위에 '홍장암'이라는 이름을 붙여준 것이다. 이렇게 대중들에게 전해져 내려오는 이야기는 실제 이야기나, 역사적 진실, 인간의 체험과 사건 등과 관련하여 바위에 이름을 붙여주는 줌으로써 그 바위가 전설이나 설화의 기호 역할을 하게 되는 것이다.

홍장암

또한 이러한 암석은 생성력 상징과 깊은 관련이 있다. 그것은 암석에다 풍어·풍농이나 기자·기원 등을 했다는 것은 구비전승물이나 문헌을 통하여 익히 할 수 있는 것이다. 죽을 운명에 놓인 아이가 바위 밑에 버려진 다음 학의 도움을 받아 붉은 열매 세 알을 받아먹고 다시 소생한다는 것은 그 바위가 신성한 공간임을 말하는 것이다.

우리 민속에서도 아이의 장수를 빌기 위해 아이를 바위에 팔아서 바위와 부자관계를 맺게 하거나 아예 아이의 이름을 '바우'라고 지어 부르는 주술적 기원이 있다. 『삼국유사』의 금와왕 설화에서도 부부가 큰 돌에서 금개구리를 얻은 것은 돌에 생명력이 있다고 여기기 때문이다. 범일의 이야기 속에서도 막 태어난 아이를 바위 밑에 버렸다고 하는 것은 이 바위가 신화 속의 신성한 공간 즉, 고난 극복의 신성한 생명처이기 때문이다.

통과의례적 구성원리

고대인은 자연과 인간을 동일시하고 자연에서 인간이 사는 근본을 찾으려 했다. 그래서 해와 달의 움직임 뿐 아니라 계절의 변화에 따른 식물의 탄생–성장–결실–사멸의 순환을 사람의 삶에서도 출생–성장–결혼–죽음의 순환으로 지켜지기를 기대하며 살았다. 인간은 자연과 호흡을 같이 함으로써 자연의 보여주는 생명의 환희와 고통을 인간의 삶 속에 그대로 받아들였던 것이다.

성장과정에서 한 단계에서 다음 단계로 넘어가기 위해 이루어지는 특별한 의식을 인류학에선 통과의례라고 말한다. 통과의례에는 탄생의례, 미성년이 성년이 되는 성년식, 가족을 이루는 혼례식, 그리고 사망에 따르는 장례식 등이 있다. 이러한 통과의례는 세부적인 차이는 있지만 구체적 절차로 분리, 전이, 결합의 세범주로 나누어진다. J.캠벨은 세계의 신화, 전설, 동화를 면밀히 검토하여 주인공의 신화적 모험 과정을 '떠남, 통과, 회귀'의 형태로 파악하고 있다.

이러한 통과의례적 구성원리가 범일스님 신화에서는 어떻게 나타나는지 살펴보자.

1) 떠나기

나이 십오 세가 되어 출가할 뜻을 품고 부모에게 사뢰니, 양친이 함께 이런 말을 했다.

"전생의 좋은 인연을 심은 결과이니, 그 뜻을 굽힐 수 없다. 먼저 제도를 받거든 나를 제도해 다오"

이에, 속복을 벗고 부모를 떠나 산으로 들어가 도를 닦았다. 나이 스무 살에 서울에 가서 구족계를 받고는 청정한 행을 두루 닦되 부지런하고도 더욱 부지런하여 출가인들의 귀감이 되었고 동학들의 모범이 되었다.

–『조당집』

그러던 어느 날 어머님께 향하여 조용히 꿇어앉아서 절하고 나는 정말 아버지가 없습니까? 하고 질문을 하게 되자 어머니는 도리가 없어 전후의 사실을 그대로 말했다. 말을 듣고 있던 그는 어머니 앞에서 절하고 하는 말이 '불초자는 어머니를 위하여 반드시 큰 사람이 되어 돌아올 것이니 근심하거나 저를 찾지 말아 주십시오.' 하고는 서로 이별했다.

—『구전자료』

문헌자료 『조당집』의 기록은 '나이 십오 세가 되어 출가할 뜻을 품고 부모에게 사뢰니'라고 기록하고 구전설화에서는 그러던 어느 날 어머님께 향하여 조용히 꿇어앉아서 절하고 '나는 정말 아버지가 없습니까?' 하고 질문을 하게 되자 어머니는 도리가 없어 전후의 사실을 그대로 말했다. 말을 듣고 있던 그는 어머니 앞에서 절하고 하는 말이 불초자는 어머니를 위하여 '반드시 큰 사람이 되어 돌아올 것이니 근심하거나 저를 찾지 말아 주십시오' 하고는 서로 이별했다.

이 부분은 범일이 부모와 어머님 곁을 떠나는 동기가 나타나 있다. 구전설화에서는 아버지가 없었다는 사실에 아비 없는 자식이라는 조롱과 학대를 받으면서 4~5세가 될 때까지 아무 말 없이 지내야 했던 것이다. 이러한 유년시절의 멸시를 받았다는 사실은 자기다운 삶을 살고 있는 것이 아니다. 그러므로 상실한 자아를 찾기 위해서는 멀고도 험한 길을 떠나는 사정은 인간이 살면서 겪어야 하는 하나의 과제이며, 과정에 속하는 것이다.

2) 통과하기

그 뒤로 마음대로 행각을 다니다가 멀리 서울에 들리니 때마침 844년(회창 4)의 사태를 만나 중들은 흩어지고 절은 무너져서 동분서주하여 숨을 곳이 없었는데 때마침 하백의 인도로 따라가다가 산신의 마중을 받아 상산에 숨어서 홀로 선정을 닦는데 떨어진 과일을 주워 배를 채우고 흐르는 냇물을 마셔 목마름을 달래니 행색이 바짝 마르고 기력이 부쳐서 감히 걸을 수가 없게 된 채로 반해가 지난 어느 날 갑자기 꿈에 이상한 사람이 나타나서 이렇게 말했다.

"이제 떠나시지요!"

이에, 억지로 걸으려 했으나 도저히 힘이 미치지 못하더니 어느 결에 짐승들이 떡과 먹을 것을 물어다가 자리 옆에다 던지니 일부러 주는 것이라 생각하고 주워 먹었다.

나중에 맹세하기를 '소주에 가서 육조 혜능조사의 탑에에 예배하리라' 하고 천 리를 멀다 여기지 않고 조계에 다달으니, 향기 어린 구름이 탑묘 앞에 서리고 신령한 학이 훌쩍 날아 와서 누대 위에서 지저귀니 절의 대중이 모두 이렇게 수근 거렸다.

'이러한 상서는 실로 처음 있는 일이다. 필시 선사께서

오신 징조일 것이다.'

—『조당집』

낯선 곳으로 멀리 떠난 범일은 여러 가지 시련을 겪어야 했을 것이다. 큰 사람이 되기까지 당면한 어려움을 극복해야 하는 것이다. 구전설화의 내용은 그가 높은 고승의 경지에 이르는 과정은 생략되어 있지만, 그의 고난 극복의 과정은 쉽게 짐작이 간다. 『조당집』의 기록에서 그의 험난한 고난이 있었음을 암시하는 '사태 난'에 의한 승려 탄압이 그것이다. 떠남의 길이 결코 만만치 않았음을 의미한다. 그러나 그는 이야기의 주인공처럼 각고 끝에 그가 하고자 했던 위대한 고승의 탑을 예배하고 귀국하기에 이른다.

이러한 고난 극복의 사례는 고구려의 주몽신화, 유리왕 신화에서도 엿볼 수 있다. 이러한 통과의 구조는 그가 이룩해낼 업적의 기반을 확고하게 하는 신화적 면모를 지닌 것이라 하겠다.

3) 돌아오기

이때 고향에 돌아와 불법을 펼 생각을 내어 846년(회창 6) 정묘 8월에 다시 뱃길에 올라 신라로 돌아오니, 정자

위를 비치는 달빛은 현토의 성에 흐르고, 교교한 여의주의 빛은 청구의 경계를 끝까지 비쳤다

– 『조당집』

그 후에 어머니는 늙어졌고, 아이는 국사라는 승가의 최고의 위를 가지고 돌아와 어머니를 봉양하면서 굴산사를 세웠다고 한다.

– 『구전자료』

통과의 구조에서 살핀 것처럼 범일은 고난 극복을 함으로써 마침내 국사라는 승가의 최고 지위를 가지고 돌아와 어머니를 봉양하면서 굴산사를 세웠다. 범일설화는 신화로서의 극적인 면모는 약하지만 이야기의 구조나 여러 정황으로 미루어 본다면 신화로서의 가치는 충분히 지니고 있다. 이를 다시 정리해 보면 다음과 같다.

① 심각한 심리적 갈등을 겪는 범일이 길을 떠난다.
② 시련과 고난 극복의 과정을 거친다.
③ 그가 바라던 훌륭한 사람이 되어 목적을 성취하여 국사의 높은 단계에 이르게 되었다.

이러한 범일신화의 체계는 고구려 고주몽 신화의 체계와 아

주 흡사하다. 이러한 ①-②-③의 구조로 이루어진 원리는 서사적 문학 구조의 바탕이 될 수 있는 것으로 이해할 수 있을 뿐만 아니라, 이야기를 탄생시킨 강릉지역 주민들의 의식이며, 그들이 향유했던 관습이나 제도 그리고 사고의 체계 등을 반영하고 있다.

시대를 이어가며 살아있는 범일스님

제의학파에 의하면 인간은 행동을 먼저 한 후에 그 자신의 행동을 합리화시킨다. 이 같은 심리적 근거에 의하여 제의가 신화보다 먼저 존재했으며, 신화의 서사는 직접 행위로 보여 주는 제의의 간접적인 해석이라고 할 수 있다. 삶의 갈등을 해소하여 인간다운 삶을 이루려는 욕구가 행동으로 표현된 것이 제의이며, 말로 표현된 것이 신화라고 할 수 있다.

강릉단오제의 또한 이러한 견해가 타당성이 있음을 보여준다. 그것은 『고려사』의 기록에 나타나 있다. 이 기록은 스님이 꿈속에서 태조를 도운 것과 왕순식의 진술에 의하면 스님을 모신 사당에 제사했다는 구체적 진술이 있다. 그러나 이 스님이 범일이라는 단서는 보이지 않지만, 이러한 진술에 의거하여 후대에 범일이야기는 설득력을 얻으며 지역 주민의 의식을 담아내는 신화적 전설로 발전했을 가능성이 크다.

군웅굿을 들리기 전에 이 지방의 산신님이신 김유신 장군의 군웅굿을 비옵나이다. 김유신장군님 난데본은 충청도 만노군이 난데본이요, 유신 장군님은 신라의 명장이며 충청도 만노군 충청북도 진천읍의 태수 김서현 태수와 그 부인 만명부인 사이에서 회태하여 태어나셨으니, 장군님은 어려서부터 영특하여 글을 배우니 한 자를 가리키면 열 자를 알고 하는 지라 인품이 예사롭지 아니하며 총명 신기하니 궁술로 활을 당기니 활살이 백발 오관중이 분명하다. 이렇게 성장하여 문무겸하니 나라에 큰

군웅장수굿

기둥이로다 나라에서 부르시니 나라에 충성하고 퇴궐하여 집에 이르니 부모에 효도로다. 큰 벼슬이 몸에 입혀지니 대장군이 완연하다. 이분이 바로 유명하신 김유신장군님이 올시다. 장군님은 천운의 뜻을 품고 태백산에 입산하여 흑마 백마 가라 타시고 병법을 연마하며 대관령에 당도하니 그 경치가 절경이로다. 초목무성하고 하늘이 보이지 않은지라 첩첩산중이 분명하다 대관령 중턱에 당도하니 거기에 한 분의 백발노인이 계신지라 이분이 바로 범일국사이시며 이때부터 두 분이 알게 되었고 두 분은 무예와 무술을 연마하며 병법을 형통하여 삼국통일을 이룩하니 과연 대장군일세 군웅장군일세 훗날 에 장군님이 세상을 하직하니 사람들은 그분을 이르기를 흑마대왕이라 칭하시고 사후에 대관령 산신님이 도셨다 하오니 우리 고장의 수호신이며 어찌 군웅 장군이 아니라할손가

이 무가에서는 대관령에 이미 범일이 신으로 좌정되고 있었음을 시사한다. 그 후 김유신의 좌정을 설명하고 있다. 범일국사의 대관령산신 지위는 적어도 조선시대의 유교라는 정치적 이데올로기로 인해 스님 대신 무장 출신 김유신으로 교체되었을 가능성이 있다. 이러한 시기에 범일을 중심으로 이루어지던 제의가 유교의 정치이념을 내세운 지방 관료들의 깊숙한 개입

으로 대관령 산신은 이후 김유신으로 정해지게 되었을 것이다. 그 후 지속적인 지역민들의 제의에 대한 참여의지가 확대 개편되면서 대관령산신은 김유신으로, 대관령성황신은 범일국사로 변모되지 않았을까 한다. 또한 대관령여국사성황신의 인격화도 이러한 과정에서 지역의 제의와 접합되어 지역 출신의 인물로 설화를 만들고 신으로 상정되어 좌정시킨 결과라고 볼 수 있다.

이처럼 범일의 일대기를 알 수 있는 『조당집』과 『구전자료』는 강릉단오제의 신화의 근원과 성격을 규명할 수 있는 귀중한 자료이며, 오랫동안 지역민의 가슴에 남아 있고, 그로 인해 쉬지 않고 구전되면서 시대 시대마다 나름의 부침을 받으면서도 여전히 꿋꿋이 살아있는 신화로 이해될 수 있다.

범일은 강릉지역 실존 인물이었기에 강릉단오제 신화의 주인공으로 등장할 수 있었다. 구전자료와 문헌자료 속에서도 범일은 설화의 주인공으로 손색이 없음을 살펴보았다. 그리고 설화 속에 나타난 의미들을 강릉단오제의와 관련된 것으로 제의가 먼저 있은 후 후대에 자연스럽게 범일스님이 신화의 주인공이 되었음을 알 수 있다. 바로 신화의 제의선행설이 되는 셈이다.

모든 문화적인 것은 그 시대 민중의 지지를 얻어야 생명이 지속되어 신화로서의 기능을 충실히 할 수 있는 것이다. 그것은 설화가 제의의 지속적인 과정과 개편에서 부단한 역할을 하여 온 것으로 이해될 수 있다.

범일신화는 강릉단오제의 현대적 계승이라는 중심축에 놓여 있으며, 강릉 지역 주민들의 공동체적 자긍심과 역사에 대한 인식을 높이는 이야기로 이 지역에서는 그야말로 살아 있는 구비전승물임에 틀림없다. 그런 점에서 여전히 범일은 강릉 지역 신화의 주인공으로서 현재진행형이다.

04

대관령에 서린 변혁의 혼

이규대(강릉원주대학교 사학과 교수)

새 생명을 위한 희망 메시지

범일국사를 모르는 강릉 사람이 있을까? 강릉 사람들에게 범일국사는 자신들의 삶을 지켜주는 수호신으로 거부감 없이 받아들여지고 있다. 이 수호신에 대한 보편적 인식은 과학적이고 합리적인 사고보다는 입에서 입으로 전해진 전승설화의 생명력이나 여기에 의탁하는 영험이 있는 자들의 신통력의 위력인지도 모른다. 그러나 범일국사는 수호신이기 이전에 실존 인물이었다.

강릉 사람들은 범일국사를 이 지방 출신으로 여기고 있다. 이러한 인식은 그의 승력을 수록하고 있는 『조당집』과 강릉의 읍지인 『임영지』에 근거를 두고 있는데, 이러한 인식이야말로 스님에 대한 애정과 친근함의 표현이라 할 것이다.

이런 논거의 근거는 우선 그의 가계에서 찾을 수 있다. 그는 경주의 귀족으로 성씨는 김씨이고, 810년(헌덕왕 3)에 출생하여 889년(진성여왕 39)에 입적했다. 할아버지는 명주도독을 지냈고,

어머니는 명주지방의 호족출신으로 문씨(일설에는 지씨)였다. 그는 당나라에 유학을 다녀 온 후 백달사에 안좌하던 중 851년(문성왕 13) 명주도독의 요청으로 강릉 굴산사에 주석하게 되었다는 것이다.

또 하나의 논거는 그의 출생설화이다. 굴산에 살고 있던 양가의 처녀가 유난히 반짝이는 석천의 물을 마시고 잉태하여 14개월 만에 옥동자를 낳았고, 이후 학바위 아래 버려졌으나 학이 아기를 보호하는 모습을 보고 다시 집에 데려다 키웠다는 것이다.

여러 기록으로 보아도 그가 실존인물이었음이 분명하지만 강릉 지방에서는 역사적 인물로보다는 수호신으로 훨씬 비중있게 여기고 있다. 그만큼 그가 신격화되었다는 뜻이다. 여기서 수호신은 다름 아닌 대관령국사성황신이다. 그렇다면 그는 어떻게 수호신으로 신격화될 수 있었을까? 또 언제쯤 신격화되었을까? 하고 묻는 것은 어쩌면 우문일지도 모른다. 그러나 실존인물이었던 그가 수호신으로 우상화된 데에는 어떤 인위적인 측면이 배제될 수 없을뿐더러 거기에 어떤 의도성이 있는 것이 아니었을까 하는 의구심을 떨칠 수가 없다. 이러한 의구심이 성립될 수 있다면, 그것은 역시 범일국사의 행적과 당시의 이 지방 사회상에 비추어 설명되어야 할 것이다.

선승 범일은 굴산사를 개창하였고, 굴산사는 이후 사세가 확장되면서 산중의 문중이라고 할 수 있는 사굴산문의 본산으

굴산사지 비로자나불

로 위상을 갖게 된다. 현재 전하는 강릉시 구정면 학산리의 절터와 당간지주를 비롯한 몇몇 석물들은 당시 굴산사의 규모와 위용을 짐작하게 한다. 근래에 본격화된 발굴 작업의 성과로 사찰 본연의 모습이 규명되기를 기대해 본다.

굴산사의 범일스님은 선종 불교를 수학한 선승이었다. 그는 이미 이 지역에 자리 잡고 있었던 교종 불교를 모두 선종 불교로 개종하였던 것으로 파악된다. 양양의 낙산사, 평창의 상원사, 삼척의 영은사, 고성의 건봉사 등등 동해안 일원의 모든 사찰이 선종 불교로 개종되거나 개창되었다고 보아야 할 것이다. 이와 같은 굴산사의 사세는 당시 강릉지방의 토호였던 명주호족의 세력기반을 배경으로 하는 것이었다.

이 시기 명주호족은 반신라적, 반중앙적, 반귀족적 성향을 갖은 이 지방 토호들의 세력집단이었다. 이점에서 명주호족은 선종 불교와 맞물릴 수 있는 고리가 마련된다. 이 시기 선종 불교 역시 중앙의 귀족들과 밀착된 교종 불교를 비판하는 입장에서보다 지방사회와 서민사회에 친화적 자세를 보이고 있었다. 이 시기 강릉 지역에서는 명주호족과 선승 범일이 둘이 아니며, 우리는 이러한 관계를 단월(후원) 관계라고 부른다. 지방 호족과 범일이 같은 입장에서 지역사회와 지역민을 구제하기 위한 새로운 활로를 모색하고자 하는 공통점을 지니고 있었던 것이다.

스님은 중앙 조정으로부터 3차례나 국사 자리에 모시겠다는 요청을 받았으나 응하지 않았다. 스님은 산문에 들어온 이래로 줄곧 산문을 지켰다. 이 사실은 선승으로서 스님의 성향에서 비롯된 것이라고 본다. 그것은 중앙의 골품사회에 대한 비판적 자세이기도 하고, 지방사회와 지방민에 대한 친화적인 자세이기도 하다. 스님은 아래로부터의 변혁과 생활 속에서 깨달음을 추구하는 선종 문화를 충실히 이행하면서 지방사회와 지방민이 주역이 되는 새 시대를 전망하였던 것으로 여겨진다.

이런 시각에서 보면 당시 강릉 지역에서 선승 범일의 활약은 지역민들에게 생명력을 불어넣는 희망의 메시지였을 것이다. 그것이 현세의 복을 구원하는 것이든, 내세의 이상향을 기원하는 것이었든 희망의 메시지로 보아도 무리가 없을 것이다. 그리고 이 점에서 선승 범일은 폭넓은 민중적 지지를 얻었을 것이며, 이러한 민중적 서민적 지지는 그가 수호신으로 신격화될 수 있었던 배경으로 이해될 수 있다.

전환기에서 미래를 전망하신 스님

굴산사에서 40여 년을 주석하였던 범일선사는 889년(진성여왕 3)에 80세를 일기로 입적했다. 그의 법제자들은 여러 지방에서 활약하였으며, 강릉지방에서는 낭원대사에 의해 승계된 것으로 보여진다. 낭원대사는 강릉지방의 토호세력과 단월관계를 이루고 있었으며, 지장선원을 개창하여 사세를 확장해 갔던 것으로 파악된다. 현전하는 보현사의 천년 고탑은 이러한 사실을 반증해 준다. 범일선사의 법통은 그의 사후에도 면면히 이어지며, 더 한층 확장되어 갔다.

범일선사가 입적한 시기는 한반도에 후삼국이 정립하였던 시기이다. 그리고 이들은 자신들이 통일의 주역이 되기 위한 각축전을 치열하게 전개하고 있었다. 지방사회에서 강한 독자성을 견지하였던 호족들은 상호 이합집산을 거듭하면서 통일정부의 구성을 향해 치달아 가고 있었다. 이 시기 강릉지방 명주호족의 동향은 범일선사가 입적한 지 40여 년이 지난 시점에서 여러 역사서의 기록으로 확인된다.

명주호족은 후일 고려의 태조가 되는 개성호족 왕건의 세력과 연대를 도모하였으며, 이러한 사실은 『신증동국여지승람』에서 "왕순식이 명주의 장군이 되어 태조가 신검을 토벌할 때, 명주로부터 군사를 거느리고 와서 맞서 싸워서 신검을 격파했다"라고 정리되고 있다.

여기에서 명주호족의 군사적 출정이 확인된다. 『고려사절요』에 의하면 이 출정은 충청도 일선군 전투에 참여하기 위한 것이었다. 그리고 지금의 천안 부근으로 파악되는 일선군 전투는 한반도의 중앙이 경주로부터 개성으로 옮겨가기 위한 전투였다. 이 전투를 마지막으로 태조 왕건이 건국한 고려는 후삼국의 통일을 이루었다. 이 통일을 위한 중요한 전투에 명주호족이 출정하고 있는 것이다. 명주호족의 입장에서 보면, 이 전투에 출정한 사실은 통일대업에 일익을 담당한다는 대의명분을 갖는 것이었으며, 이후 새로이 등장하는 통일정부에 동참하기 위한 명분을 축적하는 의미를 갖는 것이었다.

이 전투가 통일을 향한 마지막 전투였다는 점에서 명주호족의 출정이 갖는 절박함 마저 느껴진다. 사정이야 어떠하든 명주호족은 이 지방의 민중들로부터 군사를 모으고 군수품을 마련했을 것이다. 기록에 의하면 왕순식은 말을 탄 병사 2만 명을 거느렸다고 한다. 당시로서는 엄청난 규모로 강릉에서 출발하여 대관령을 넘어 천안에 이르는 군사적 이동은 실로 명주호족의 운명을 건 출정이 아닐 수 없다. 이러한 상황은 『고려사』의 기록에서 살필 수 있다. 명주장군 왕순식은 명주를 출발하여 큰 고개(지금의 대관령)을 넘으면서 스님을 모신 사당에 제사를 지냈으며, 왕순식이 전장에 이르렀을 때 태조 왕건은 "꿈에 이상한 스님이 무장병 3천을 거느리고 나타나 짐을 도와주었는데, 이제 경이 군사를 이끌고 도우러 왔구려."라고 화답했다.

여기서 대관령을 넘으면서 스님을 모신 사당에 제사를 지냈다는 사실을 주목하고자 한다. 전쟁을 앞둔 시점이었으니, 그것은 분명 승전을 기원하는 제사였을 것이고,

그 제사는 일차적으로 전장의 상흔이 예상되는 상황에서 야기될 수도 있는 내적 동요를 진정시키고 결속을 다지기 위한 성격을 띠었을 것이다. 이러한 것을 출정의 당위성이라고 할 때, 군사적인 규모가 2만이든 3천이든 명주호족의 운명을 건 출정이고 보면 그 제사 의례는 모든 군사들의 공동체적 성격을 띠었을 것이다.

왕순식이 대관령에서 지낸 제사의 지역 공동체적 성격은 전쟁 이후의 상황에서도 추정된다. 일선군 전투를 마지막으로 고려의 통일이 이루어졌고, 이후 고려 정부의 행정구역 개편에서 명주는 동원경으로 읍호가 승격되었다. 그리고 명주호족과 그 후예들은 여전히 지방사회 주도세력으로서 입지를 유지하였고, 더욱이 일부세력은 새왕조로부터 성씨를 받기도 하였고(김순식이 왕순식으로) 중앙 조정에 벼슬을 받아 나갔다. 이들은 읍호의 승격을 기념하여 읍의 중심지, 즉 읍치를 지금 강릉객사가 있는 곳으로 이전하면서 확장하였던 것으로 파악된다. 이러한 상황은 비록 출정에 따른 논공행상이었다고 하더라도 그것은 충분히 지역공동체의 발전적 의미를 갖는 것이었다.

이러한 시각에서 볼 때 군사적 출정이라는 극한 상황에서 대관령에서 제사를 지냈던 것은 그것이 곧 지방사회의 공동체적 발전상을 담보하는 의례이기도 한 것이다. 그리고 대관령에서의 제사는 명주호족과 그 후예들에 의해 지방사회 발전을 감사하게 여기고, 새로운 발전적 변화를 기원하는 의례로서 재생산되어 갔을 것이다. 더욱이 이러한 의례행위와 맞물린 신비한 꿈을 매개로 나타나는 영험한 스님의 이야기는 자연스럽게 신의 모습으로 자리 잡아 갔을 것이다. 이것을 오늘날 대관령 성황제의 초기적 모습으로 이해한다면 논리적 비약일까? 그렇지 않을 것이다.

성황제는 각 개인의 복을 위한 것이 아니라 철저하게 공동체적 성격을 띠고 있다는 점에서 그 개연성을 찾을 수 있을 것 같다. 더욱이 범일선사가 입적한 지 40여 년이 경과하는 시점에서 신비한 꿈을 매개로 설정되는 영험한 스님 이야기는 자연스럽게 선승 범일이 성황신으로 자리 잡는 계기가 되었을 것이라는 개연성을 갖는다. 조선시대 영조 임금 때 편찬된 강릉지방의 읍지인 『임영지』에서 이 시기 사람들도 이러한 논리를 간파하고 있었음을 살필 수 있다.

강릉단오제의 골격과 정체성 풀어보기

강릉단오제는 천년의 축제라고 한다. 축제의 원년을 언제로 보아야 할 것인지는 분명하지 않지만, 적어도 고려와 조선을 아우르는 중세사회 천년을 경과하였음을 분명히 하는 대목이다. 그렇다고 고대사회 이전시기까지 역사를 마냥 소급할 성질의 것은 아니다. 동예의 무천, 고구려의 동맹, 부여의 영고, 삼한의 상달제 등에까지 연결 짓기에는 아직은 많은 과제가 남아 있는 듯하다.

오랜 역사를 가지고 지금까지 전승되는 강릉단오제는 지방문화축제이다. 이 지방의 공동체적 결속과 풍요와 안녕을 기원하는 제의를 거행하며, 이를 통해 사회질서와 지방의 발전을 모색하는 미래지향성을 가진 축제이다. 지나온 세월에 대한 감사하는 마음과 살아갈 세월을 기원하는 마음을 하나로 담아내는 민중적 제의요 축제이다.

강릉단오제는 단오 명절날에 거행되는 성황제라는 골격을

가지고 있다. 명절의 즐거움과 성황신에 은혜에 감사하는 마음이 하나로 묶이어 있다. 이를 이중적 구조라고 보아도 될 것이다. 이를 골격으로 민초들의 신명나는 유희와 몸짓이 묶이면서 하나의 축제로 정립되고 있다. 이것을 강릉단오제의 정체성으로 보아도 무방할 것 같다.

이 정체성은 전통축제로서 강릉단오제를 길게 전승해 갈 생명력을 위해 분명히 해 둘 필요가 있다. 수릿날에 거행되는 제

조전제

산신제

의이니 단오 명절제의라는 데는 이의가 제기될 수 없다. 그리고 강릉농악에서도, 관노가면극에서도 성황신이 등장한다. 대관령 정상 길목에 세워진 성황사에서 읍치 즉 시내 관아터에 자리 잡았던 대성황사로 모셔오는 국사성황신도 강릉의 모든 길흉화복을 맡아 다스리는 성황신이다. 이렇게 보면 성황제라는 성격을 부정해야할 이유도 없다.

아주 가끔은 강릉단오제를 산신제로 보려는 시각을 접하게 된다. 대관령이라는 산중에서 신을 모셔온다고 해서 산신제라고 보려는 것인가? 어느 한 시기에 산신인 김유신을 신격으로 모셔왔다고 해서 그러는 것일까? 이러한 인식은 옳지 않다. 강릉단오제의 정체성에 혼동만 야기할 뿐이라고 생각된다. 거듭 강릉단오제는 산신제가 아니라 민중과 성황이 하나가 되어 어울리는 성황제이다.

필자는 강릉단오제의 역사를 통찰할 때, 단옷날 거행되는 성황제가 이 축제의 골격이라는 사실을 강조해 두고자 한다. 단오 명절이 그러하듯 성황제는 강릉만이 가지고 있는 별난 문화인 것은 아니다. 전국의 모든 도시들이 가지고 있는 문화이다. 이것이 문화의 보편성이다. 보편적인 문화로서 성황제에서 각 지방 도시마다 특수한 상황은 무엇일까? 문화의 특수성이라는 시각에서 이점은 매우 주목된다. 이것을 설명할 수 있다면, 이것이야말로 강릉단오제의 정체성으로 이해될 수 있는 대목이다.

이것은 성황신의 모습에서 찾아야 한다. 도시마다 성황신의 모습은 다르다는 점이 주목된다. 물론 조선 건국 벽두에는 전국 모든 성황사에 주신의 모습을 위패로 획일화했던 적도 있지만, 그런 국가적 정책에도 불구하고 신상이나 신물은 여전히 관행에 힘입어 전승되었다. 강릉 지방 성황신의 모습이 새삼 주목되는 이유가 여기에 있다.

강릉단오제의 주신은 모두가 알듯이 대관령국사성황신이고, 선승 범일국사로 실존했던 인물이 주신으로 모셔져 있다. 따라서 강릉단오제의 특수성은 범일국사와 관련하여 설명되어야 마땅하다. 누가 어떻게 모셨을까? 아직은 더 많은 설명이 요구되는 과제로 남아 있다. 다만 범일국사와 강릉 사람들의 친연성이 그 토대가 되었다는 점은 분명할 것 같다. 이러한 과제를 풀어가는 작업은 곧 강릉의 역사를 정리하는 작업일 수도 있을 것이다.

오랜 역사만큼이나 강릉단오제의 모습, 그리고 성황신의 모습도 분명 많은 변화를 겪었을 것이다. 더욱이 조선시대는 성황제를 의례화시키려고 했다. 이렇듯 강릉단오제는 국가 정책과 무관할 수 없었다. 국가의 기본정책과 교섭하면서 강릉단오제의 모습도 변할 수밖에 없었다.

강릉단오제 연구는 변화를 주목하여야 한다. 잉태되고, 정립되고, 변모하고, 다시 재정립되었을 것이다. 지금 우리 시대에는 어떤 모습으로 변화하고, 내일에는 다시 어떻게 정립되어 갈까? 이제까지 변화를 이끌어 낸 주체가 누구였을까? 또 이렇게 정립시킨 주체들은 누구였을까? 이 또한 소홀이 할 수 없는 과제이지만, 지금까지는 그렇게 주목받지 못했다. 우리 시대가 극복해야 할 과제들이 아니겠는가?

이러한 시각을 가진다면, 강릉단오제의 스토리는 더욱 다양하게 서술될 수 있을 것이고, 이로부터 더욱 감동스러운 우리 지방의 이야깃거리를 만들 수 있을 것으로 생각한다. 그리고 이 감동적인 스토리는 이곳 사람들의 자기 발전을 위한 노력의 산물일 터이지만 그 의미는 미래지향적이라는 데서 찾아진다. 결국엔 어떻게 살아갈 것인가의 문제로 귀결되며, 여기에서 우리의 삶과 생활이 가지는 역할이 그려진다. 이 같은 발전적이고 거시적인 안목을 가질 때 이곳 사람들의 자긍심 내지 자존의식을 또 하나의 문화로 이끌어낼 수 있을 것이다. 이제 이 모든 것을 과제로 삼고, 풀어 나가는 자세를 갖자고 제안하고 싶다.

생활이야기의 실타래를 풀자

1) 중앙과 지방의 이야기

사굴산문의 본산 굴산사, 선승 통효대사 범일, 산문으로서 사굴산문 등에 관해서는 비교적 일찍부터 주목되어왔다. 『조당집』, 「낭원대사오진탑비문」, 『고려사』, 『고려사절요』, 『임영지』 등을 비롯하여 관련 자료가 확보될 수 있었고, 이들 자료를 토대로 신라 하대의 선종 불교와 호족의 관계도 주목의 대상이었다. 특히 당시의 불교계를 5교 9산으로 이해하던 시기에 굴산사는 사굴산문의 본산으로서 주목되었다. 신라 하대의 선종과 호족의 관계는 당시 사회변동을 설명하는 틀이었으며, 범일의 굴산사와 명주호족에 대한 관심은 변혁의 논리를 입증하는 사례로서 주목되었다.

신라 하대 지방 세력으로서 호족의 성장은 새로운 호족연합정권을 열어가는 모태였다. 이러한 호족연합정권의 성립은 그 이전까지 폐쇄적이었던 중앙과 지방의 인적·물적 교류를 위한 제도적 장치가 모색되고, 이를 토대로 지방사회의 위상이 재정립될 수 있었다는 측면에서 발전적인 의미를 갖는 것으로 해석되고 있다. 굴산사와 명주호족의 문제는 이러한 사회변혁의 논리를 설명하는 실증적 사례로서 주목되었던 것이다.

범일은 당나라에 유학하였던 선승으로서, 굴산사는 선종의 산문으로서 주목되었다. 그리고 명주지방의 지배세력은 굴산사의 범일과 단월관계를 형성함으로써 명주호족으로 성장할 수 있었다는 것이다. 그리고 명주호족의 동향을 개성호족과 우호적인 관계의 모색이라는 차원에서 이해함으로써 양자의 관계는 호족연합정권의 성립과정이라는 시각에서 이해되고 있다.

그러나 이러한 연구 성과에도 불구하고 명주호족과 굴산사의 문제는 여전히 해결해야 할 많은 과제를 안고 있다. 그간의 연구 성과는 과도기적 사회의 변혁의 논리를 정립하는 과정에서 주목되는 호족연합정권의 성격을 규명하기 위해 그 이전단계의 사회상으로서 호족의 문제가 다루어졌으나, 호족의 문제는 그 존재만 확인하였을 뿐 그 실체를 규명하는데 여전히 한계를 드러내고 있다.

중앙세력과 지방 세력의 이분법적 구도에서 진행되어 온 그간의 연구 성과는 호족세력의 내적인 지배구조의 문제에서 더 많은 설명을 요구하고 있다. 호족세력의 내적인 지배구조는 그 물적·인적 기반, 호족세력간의 연계 고리, 그리고 이와 맞물린 선종의 역할 등의 문제를 의미할 수 있다. 이러한 문제는 여전히 과제로 남아 있으며, 이러한 과제는 지방사에 초점이 맞추어질 때 더욱 절감하게 된다.

2) 조각난 자료들을 이어보자

지방역사의 규명과 정립에 초점을 맞출 때, 굴산사와 명주호족의 실상을 규명하는 문제는 그 관건으로 부각된다. 삼국을 통일하였던 신라가 말기적인 양상을 드러내면서 강릉 지방에 형성되었던 사회세력은 다름 아닌 명주호족이었으며, 이들은 굴산사의 종주인 범일과 단월관계를 형성하면서 성장하였던 것으로 파악된다. 그리고 명주호족은 후삼국시대로 접어들면서 철원의 궁예와 개성의 왕건을 중심으로 하는 호족세력과 협조적인 관계를 형성하면서 그 활로를 모색하였으며, 그 결과 새로이 중앙세력으로 부상되는 호족연합정권의 일원으로 활약할 수 있었던 것으로 파악된다.

이로써 굴산사와 명주호족의 실상을 규명하는 문제는 신라말 고려 초의 강릉, 즉 명주지방의 사회상을 규명하는 관건이 된다. 그러나 이 과제를 해결하기 위해 요구되는 직접적인 자료는 확보되지 못한 실정이다. 굴산사는 폐사되었고, 절터는 여전히 온전하게 발굴되지 못한 실정이다. 그리고 범일과 명주호족

굴산사지 발굴터

에 대한 인물 분석을 위한 자료도 한계를 보이고 있다. 이렇듯 여러 제약과 한계로 말미암아 그 실상을 규명하는 문제는 심정적으로 언급되고 있을 뿐 논리적으로 검증되지 못하고 있는 실정이다.

따라서 그 실상을 규명하는 작업은 새로운 방법이 모색되어야 할 것이다. 이를 위해서는 비록 단편적인 자료라고 하더라도 관련 자료의 연계성을 검증하는 방법이 모색될 수 있을 것으로 본다. 관련 자료의 연계성을 검증함으로써 굴산사와 명주호족의 실상을 규명하고 나아가 신라 말 고려 초의 사회상을 재구성할 수 있을 것으로 본다.

예를 들면, 굴산사사지–굴산사 부도–지장선원을 전신으로 하는 보현사–범일의 법제자 낭원대사의 부도탑과 부도–명주호족의 출병–새 왕조로부터 명주호족의 성씨 하사–임영관의 건립–읍호의 동원경 승격 등의 문제는 비록 각각의 단편적인 자료에 불과하지만, 이러한 일련의 사항들은 모두 거의 같은 시기에 나타나는 양상들이라는 점에서 연계성이 크다. 특히 근래에 제시된 굴산문의 신도회로서 미타계는 당시 지방사회의 지도층과 서민들의 신앙생활이라는 측면에서 새로 주목되어야 할 부분이다.

이러한 연계성이 파악될 수 있다면, 이로부터 신라 말 고려초의 사회세력으로서 명주호족의 동향과 선종의 사회적 역할을 파악할 수 있다. 그리고 명주호족의 동향을 전제로 물적·인적 기반을 비롯한 이 시기의 사회상을 재구성할 수 있는 단서를 마련할 수 있을 것으로 본다. 다만 이러한 접근 방법에서 무엇보다 요구되는 것은 굴산사 사지의 발굴을 통해 그 성과를 확보하는 일이다. 이런 일련의 작업과 연구가 이루어질 때 기존의 연구 성과 역시 보다 면밀히 검증될 수 있을 것으로 기대된다.

요컨대 이러한 성과가 확보될 수 있다면, 호족연합정권의 지배구조, 즉 정치조직을 비롯해 행정구획의 개편, 불교계의 통합정책 등과 같은 중앙의 지방사회 통제책의 문제에 대한 이해를 보완할 수 있을 것이다. 또한 호족은 적어도 정치·경제적으로 중앙정부와 상대적인 독자성을 강하게 견지하였던 지방 세력이었다. 호족의 독자성은 당시의 시대적 상황에서 지방사회가 갖는 지정학적 입지를 규명하는 단서가 될 수 있고 그것이 후대에 이르면서 지방사회의 정체성을 규정하는 요인으로 작용하고 있는 것이다.

3) 읍치의 제사의례 주목하자

읍치는 전통사회에서 지방사회의 중심이 되는 곳이다. 수령의 근무처인 관아와 행정실무자들의 근무처인 6방, 성황당과 여제단 및 사직단이 읍치에 설치되어 있다. 읍치는 읍성으로 에워싸여 있으며, 수령을 비롯해 행정실무자들 즉 향리들의 집단적인 거주처가 마련되어 있었다. 이런 것들이 갖추어져 있기에 읍치는 지방사회의 구심처가 되는 것이다.

읍치의 제의는 다름 아닌 이곳 읍치에서 실시되는 제의이다. 읍치의 성격으로 보아 그 제의는 마을이 아닌 전체 고을 차원의 제의로서 성격을 띠며 형식과 내용 역시 그 지역 주도세력의 성향과 맞물려 있다. 주도세력이란 다름 아닌 읍치를 장악하는 세력이기도 하며 한 지역의 실질적인 지배세력이기도 하다. 이러한 점에서 읍치의 제의는 한 고을을 지배하는 세력의 성향이 투영된 제의로서 성격을 띤다.

물론 읍치를 장악하는 사회세력이 일정할 수는 없다. 고려

시대에 이들은 한 고을의 실질적인 지배세력으로서 향리세력이었을 것이고, 조선시대에 들어와 초기에는 양반 사족세력이었을 테지만, 그 후기에 이르러서는 행정실무적인 위치에 놓였던 중인 신분으로서 향리세력의 입지가 강화되었다. 읍치를 장악하는 세력의 변동은 읍치의 제의와 무관할 수 없으며, 그것은 어떤 형태로이든 제의의 양식에 투영된다고 볼 수 있다. 읍치 제의의 상징성과 양식의 변화는 그 이면에 읍치를 장악하는 세력의 성향과 변화에 편승된다고 볼 수 있다.

강릉의 경우 읍치의 제의는 대관령성황제로 치제되었고, 그 주신은 명주호족과 상호보완적 입장에 있던 굴산사 즉 사굴산문의 종주 통효대사 범일선사로 설정되어 있다. 이런 읍치의 제의는 고려 초기 이래로 치제되었을 것으로 보이며, 조선시대를 거쳐 오늘에 이르기까지 이어지고 있다. 비록 장구한 세월 동안 이어짐 속에 일시적 끊김도 있었을 것이고, 아울러 치제의 형태적 변화(성황당의 위치와 제의의 양식 변화 같은 것들)도 많이 있었겠지만 그래도 오늘에 이르기까지 면면히 이어져 오고 있다.

읍치 제의의 이 같은 지속성과 연속성 속에 그것을 주관하는 일정한 사회세력이 있었으며 이들이야말로 읍치를 장악하는 사회세력으로서 그 성향이 제의상에 일정한 양식으로 투영되어 왔다. 이런 점에서 대관령성황제의 양식은 그 제의를 주도하는 세력의 성향과 상관관계를 이루고 있다.

즉 제의의 주신이 선승 범일로 설정되어 있고, 선승 범일은 명주호족과 굴산사를 매개로 상호보완적인 단월관계를 이루고 있었다. 이처럼 명주호족과 친화적인 인물이 그 주신으로 설정되고, 이러한 체계가 지속성과 연속성을 띠고 있다면, 그 주도세력은 역시 명주호족과 친화적 세력으로 상정될 수 있으며 명주호족의 후예로 설정될 수 있을 것이다.

그간 읍치의 제의에서 주신으로 설정된 인물신이 범일과 김유신이 함께 언급되고, 그에 대한 제의 역시 더러 끊김과 변형이 있었지만 이러한 변화 속에서도 여전히 그 지속성과 연속성

은 어어져왔던 것이다. 또 이러한 변화를 일견 착종현상으로 볼 수도 있겠지만, 그보다는 읍치의 제의가 갖는 상징성의 변화로 보는 것이 더 타당할 것이다. 또한 그것은 그 제의를 주도하는 사회세력의 성향의 변화와 직결되는 문제로 이해할 수 있을 것이며 이러한 변화에도 불구하고 그 지속성과 연속성이 인정된다면, 그것은 보다 일관성을 견지한 지역적 특성으로 이해될 수 있을 것이다.

이러한 시각에서 읍치의 제의는 지방사회의 정체성을 담아내는 기제로서 주목되어야 할 것이다. 굴산사의 선승 범일을 주신으로 설정하는 대관령성황제는 적어도 고려 초기 이래로 치제되었을 것으로 생각되며, 이후 조선시대와 근대사회를 거쳐 오늘에 이르고 있다. 장구한 세월동안 일관되게 읍치의 제의가 치제될 수 있었던 것은 그 이면에 이 지역 주도세력의 일관된 성향이 전제되었기 때문이다. 읍치의 제의로서 대관령성황제의 상징성은 곧 일향의 주도세력의 성향으로 풀이될 수 있으며, 그것은 다름 아닌 지방사회의 정체성으로 이해될 수 있을 것이다.

05

범일국사가 정취보살을 만난 뜻은

고운기(한양대학교 문화콘텐츠학과 교수)

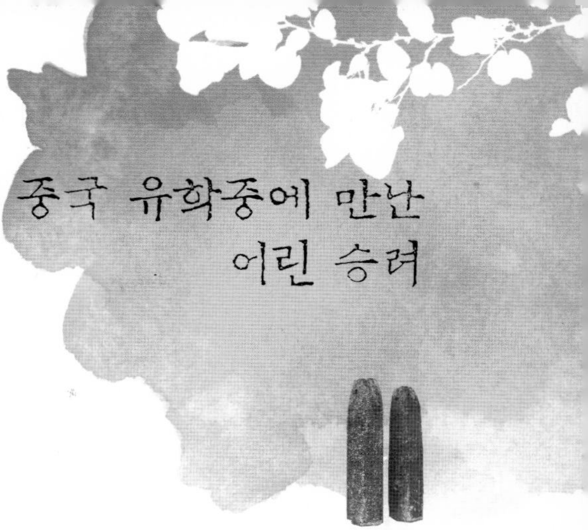

범일이 중국 유학중에 만난 어린 승려

불교는 인도에서 출발하여 중국에서 자리 잡고 이웃 나라로 퍼져갔다. 그 가운데 신라와 일본이 대표적이다. 그러나 인도에서 출발했다고 하지만, 중국의 불교는 그대로 하나의 불교이다. 신라와 일본은 중국불교를 받아들였다 해도 과언이 아니다.

신라는 승려들의 적극적인 당나라 유학으로 불교를 수용했다. 중국은 불교를 공부할 원천지였다. 원광은 중국 유학을 고대하여 심지어 나라 안의 토속신에게 빌어서 길을 얻는다. 물론 중국에서 그치지 않고 나아가 더 멀리 인도를 꿈꾼 승려도 여러 명 있지만, 혜초 말고는 신라 땅까지 단 한 사람도 돌아오지 못한 비극적인 상황, 정녕 그들의 귀국 후 활약을 보지 못한 결말이 안타까울 따름이다. 그러나 당나라 유학만으로도 신라 불교는 선진의 대열에 합류했다.

이웃 나라 일본은 어떠하였는가? 아주 특이한 예를 우리에게 남겨주고 있다.

당나라 양주 출신의 감진(688~763)은 일본에서 온 승려 영예와 보조의 간청을 받아들여 743년 일본에서 10년간 무려 여섯 차례의 시도 끝에 온 견당사의 배편으로 일본으로 건너갔다. 이렇게 일본 불교는 신라와 달리 아예 스승을 모셔오는 방식이다. 물론 여기에는 당시 일본 불교의 제도적인 문제가 결부되지만, 유학이 아니라 초빙이라는 형식이 신라와 극명하게 대비된다.

중국 불교를 배운 두 나라의 이 같은 차이는 과연 어떤 결과를 낳았을까. 이즈음 우리나라와 일본이 외국 문물을 받아들이는 데에도 이런 전통이 암암리에 이어지는 것 같아 재미있다.

그런데 우리는 『삼국유사』에 소개된 당나라 승려에게 유독 성인 만남의 이야기가 많음을 주목하게 된다. 성인은 관음보살과 문수보살이 주를 이룬다. 그 가운데서도 범일의 경우는 매우 특이하다. 그의 생애를 말하면서 이 대목을 놓쳐서 안 되는 까닭이다.

『삼국유사』에서 소개한 〈낙산 이대성 관음정취 조신〉조의 정취보살 만나기가 바로 범일이 그 당사자이다.

범일은 중국에 유학하는 도중 한 절에서 한쪽 귀가 잘린 사미승을 만난다. 같은 고향 사람이라고 자신을 소개하면서 어린 소년승이 부탁한 것은 오직 어머니에게 자신의 안부를 전해 달라는 것 한 가지였다. 그리고 자신의 집 한 채를 지어달라는, 알듯 모를 듯 모호한 부탁을 했다. 이것이 정취보살을 만나는 인연의 계기였음을 안 것은 범일이 뒷날 고향 땅에 돌아와서였다.

범일에게 보살 곧 성인 만남은 어떤 의미였을까? 『삼국유사』에 누벼진 여러 고승의 성인 만나기와 범일은 어떤 차이를 보일까? 이 글은 이에 대한 해답으로 쓰인 것이다.

성인 만남의 두 가지 모습

먼저 『삼국유사』에 실린 대표적인 성인 만남의 이야기를 정리해 보자. 거기에는 성공과 실패의 두 가지 양상이 있다. 성공의 사례로 의상의 경우를 보기로 한다.

> 의상법사가 처음으로 당나라에서 돌아왔을 때, 부처님의 진신이 이곳 동해안 해변 굴 안에 계시다는 말을 들었다. (중략) 의상은 7일 동안 재계했다. 깔고 앉은 자리(좌구)를 새벽녘 물위로 띄웠더니, 용천팔부의 시종이 굴 안으로 이끌어 들여 공중에 예를 갖추고, 수정으로 된 염주 한 관을 내어주었다. 의상이 머리 숙여 받고 물러나는데, 동해용이 또한 여의보주 한 과를 바치자, 법사가 나가 받들었다. 다시 7일 동안 더 재를 올렸다. 이에 진신이 모습을 드러내며 말했다.
>
> "앉아있는 곳 위의 산 정상에 대나무 두 그루가 솟아있

을 것인즉, 그 곳에 절을 지어야 좋겠다."

법사가 그 말을 듣고 굴에서 나오자, 과연 대나무가 땅에서 솟아 나와 있어, 금당을 짓고 불상을 만들어 모셨다.

-『삼국유사』, 〈낙산 이대성 관음정취 조신〉

의상이 강원도 양양의 바닷가에서 관음보살을 만난 이야기이다. 이는 곧 낙산사 창건연기설화이기도 하다. 보살 곧 성인을 만나는 것은 수행자에게 주는 의미가 각별하다.

그런데 이 이야기에서 먼저 눈에 띄는 것이 의상이 '당나라에서 돌아왔을 때'라는 시점이다. 당에서 그의 스승으로부터 후계자가 되라는 제안까지 받은 의상이었다. 그만큼 학문과 수행에서 돈독했음을 말한다. 의상은 굳이 돌아왔다. '진신이 모습을 드러낸' 사건은 귀국 이후에 일어났다. 수행은 수행대로 했는데, 수행의 완결이라 할 성인과의 만남은 어쩌다 신라 땅에 돌아와서 일어나는 것일까. 우리의 관심은 여기에 있다.

이와는 다른 경우도 있다. 같은 시대의 자장에게 일어난 다음과 같은 이야기를 들어보자.

늘그막에 서울을 떠나서 강릉군에 수다사라는 절을 세우고 지냈다. 꿈에 북대에서 본 특이한 모습의 스님이 다시 와서 알렸다.

"내일 그대를 대송정에서 보겠노라."

놀라서 일어나 일찍 나가 송정에 이르렀다. 과연 문수보살이 와 있었다. 법요를 묻자,

"태백산의 칡넝쿨이 우거진 곳에서 다시 만나자"

하더니 숨어버리고 나타나지 않았다. (중략) 얼마 있다가 어떤 늙은 거사가 해진 두루마기에 짊어진 삼태기에는 강아지를 담아 가지고 와서 제자에게 말했다.

"자장을 만나러 왔노라."

"위아래 누구나 우리 스님의 이름을 함부로 부르는 자를 본 적이 없소. 당신 대체 누구기에 이토록 미친 말을 하시오?"

"그저 네 스승에게 알리기나 해라."

그래서 들어가 자장에게 알렸다. 자장은 깨닫지 못하고 말했다.

"아마 미친놈인가 보다."

제자가 나와 꾸짖으며 쫓아버리자 거사가 말했다.

"돌아가마, 돌아가마, 아상에 잡힌 자들이여. 어찌 나를 만나볼꼬?"

그러면서 바구니를 엎어 쏟으니 강아지가 사자보좌로 바뀌는 것이었다. 거기에 올라타고 빛을 내며 사라졌다.

자장이 이를 듣고 격식을 제대로 갖추어 입은 다음 빛을 찾아서 따라갔다. 남쪽 고개에 올랐더니 이미 아득하

여 쫓지 못했다. 자장은 마침내 몸을 버려 죽었다. 다비를 해서 돌로 된 굴 안에 모셨다.

– 『삼국유사』, 〈자장정률〉

자장 앞에 문수보살은 나타났다. 자장으로서는 이것이 처음이 아니다. 중국에서 유학하는 도중에 이미 만난 적이 있었다. 그렇게 보면 자장은 의상보다 훨씬 행복한 경우에 속한다. 그런데 문수보살은 자꾸만 자장에게 나타난다. 왠지 미진해 보이는 구석이 있어 보이는 듯하다. 위 이야기에서도 문수보살은 나타나서 마무리를 짓지 않는다. 다시 또 보자고 약속시간과 장소를 일러주며 '숨어'버린다. 그런데 결정적인 만남의 기회에 자장은 놓친다. 늙은 거사로 변장하여 나타난 문수보살을 '자장은 깨닫지 못하고' 말았던 것이다.

결과적으로 성인 만남에서 의상은 성공했고 자장은 실패했다. 낙산사를 창건하며 아름답게 마무리 된 의상의 성인 만남과 달리, 자장은 몸을 날려 스스로 목숨을 버리는 비극으로 끝난다. 성공과 실패가 각각 뜻하는 바가 무엇일까?

원효와 의상의 중국유학 그리고 깨달음

여기서 앞선 두 사람을 아우르는 다른 인물 하나를 등장시켜 보자. 바로 원효이다. 617년 출생의 원효는 '관채지년의 나이인 열 살 이전, 정확히는 약 8~9세에 이미 출가'했다고 한다. 성인 만남과 관련하여 살펴 볼 것은 의상과의 당나라 유학 도중 원효에게 일어난 깨달음의 사건이다.

Ⓐ 宋高僧傳 唐新羅國義湘傳

年臨弱冠 聞唐土教宗鼎盛 與元曉法師 同志西遊. 行至本國海門唐州界 計求巨艦 將越滄波.

倐於中塗 遭其苦雨 遂依道旁土龕間隱身 所以避飄濕焉. 迨乎明旦相視 乃古墳骸骨旁也. 天猶霢霂 地且泥塗 尺寸難前 逗留不進 又寄埏甓之中. 夜之未央 俄有鬼物爲怪.

曉公嘆曰, "前之寓宿 爲土龕而且安 此夜留宵 託鬼鄉而多祟."

Ⓑ 번역

(의상은) 나이 약관이 되어 당나라에서 교종이 이제 한창 융성함을 듣고 원효법사와 뜻을 같이 하여 서쪽으로 유학하고자 했다. 본국의 바닷길의 문이 막히자 당나라 경계로 가서 큰 배를 구해 푸른 파도를 건너갈 계획이었다.

갑자기 중도에 궂은비를 만났는데, 마침 길가의 토굴 사이에 몸을 숨기게 되어서 비바람을 피했다. 이튿날 아침에 자세히 보니 오래된 무덤에 해골이 옆에 있었다. 하늘은 여전히 가랑비가 내리고 땅도 진흙이어서 한 걸음도 나가기 어려웠다. 그대로 머물며 나서지 못하고 또 무덤굴 벽에 기대어 있었다. 밤이 깊어갈 무렵 갑자기 귀신이 나타나 괴이했다.

원효 스님이 탄식하기를, "어제 여기 머물며 잤을 때에는 토굴이라며 또한 편안했었는데 오늘 밤은 잠깐 머물면서도 귀신의 동네에 의탁하니 동티가 심한 것이구나."

Ⓒ 의역

나이 스무 살 때, 마침 당나라에서는 회엄교학이 한창이라는 소문을 듣고, 원효와 더불어 입당구법의 장도에 오르게 된다. 당으로 가는 선편을 얻고자 당주계(당나라 경계)로 향했다는 것이나, 당시 두 나라 사이를 왕복하는 중요한 항구의 하나가 지금 남양만이었으므로 이 당주계란 곧 남양, 아산 일대를 가리킨 것인지 모른다.

당주계를 향해서 먼 길을 나선 두 젊은 사문은 어느 날 깊은 산중에서 큰 비를 만난다. 날은 저물고 찾아 들 인가는 없고, 어둠 속에서 헤매던 끝에 어떤 조그만 움집으로 기어 든다. 이튿날, 날이 새면서 주위를 살펴보고 두 젊은 사문은 비로소 당황한다. 무덤 속이었기 때문이다. 허물어진 옛 무덤인 줄도 모르고 그 속에서 한밤을 보냈으며, 주위에 뒹구는 해골은 간밤에 물을 받아 마신 그릇이었던 것이다.

다음 날도 비는 계속된다. 정녕 무덤이 아닌 빈 집을 찾아 이 밤을 여기서 보내기로 작정한다. 그러나 원효는 온 밤이 새도록 잠을 이루지 못하고, 어둠이 가져 오는 갖은 두려움으로부터 벗어날 길이 없다.

끝내 원효는 이렇게 생각한다. 어젯밤은 해골과 더불어 무덤 속에서 지낸 것이었건만 단잠으로 보낼 수 있었고, 이 밤은 오히려 갖가지 귀물에 대한 망상으로 해서 잠을 이루지 못하고 있으니

Ⓓ 해설

2차 유학을 시도한 것은 661년이었다. 원효는 45세, 의상은 37세였다. 이번에는 바닷길로 가고자 당주계로 향했다. 그곳에 당도했을 때 갑자기 거친 비바람을 만나 땅막 속에서 하룻밤을 자게 되었다. 이튿날 일찍 일어나 계속 길을 재촉해 해안가로 향했다. 그런데 비가 계속 그치지 않자 어느 무덤 속에서 다시 하룻밤을 더 자게 되었다. 그러다가 동티를 만나 깨달음의 한 계기를 만나게 된다. 여기에서 원효는 엄청난 전환의 계기를 맞이한다.

"어젯밤 잠자리는 땅막이라 일컬어서 또한 편안했는데, 오늘 밤 잠자리는 무덤이라 내세우니 매우 뒤숭숭하구나."

Ⓔ 동사열전 원효국사전

다 자라서 당나라로 도를 찾아갈 때 밤에 무덤 사이에서 머물게 되었다. 갈증이 심하여 손으로 움켜서 물을 마셨는데 매우 달고 시원했다. 이튿날 아침 그것을 보니 해골이었다. 홀연히 맹렬하게 자신을 성찰하고 반성했다.

자료 Ⓐ~Ⓔ는 저 유명한 '해골바가지 사건'을 기록한 여러 문헌이다. 그런데 자료마다 약간의 차이가 보인다.

사실 『송고승전』의 〈당신라국황룡사원효전〉에서도, "일찍이 의상 법사와 함께 당나라에 들어가려고 하였으니 현장 삼장의 자은의 문을 흠모한 것이다."라는 구절이 나오니, 그들의 유학 시도는 분명하지만, 두 차례에 걸쳐 이어졌다는 시도 가운데 위 사건이 언제 적 일인지 의견이 갈린다. 1차 때라면 이미 깨달은 원효가 2차에 다시 따라나설 리 없겠고, 2차 때라면 원효가 45세, 사실 너무 많은 나이이다. 그래도 2차 때라는 주장이 강한 가운데, 원효는 '1차 당나라 시도 때 이미 깨닫고 돌아'오고, '661년 당나라에는 의상만 간다'는 주장 또한 여전하다.

그런데 '해골바가지' 사건을 둘러싸고 다시 한 번 검토해 볼 점이 두 가지이다.

첫째, 원문을 주의 깊게 살피건대, Ⓑ의 번역이 정확하지만

Ⓒ와 같이 보는 견해가 있고, 두 가지를 절충한 Ⓓ의 경우가 있다. 원효의 깨달음은 하루아침에 일어나지 않았다. 하룻밤을 무덤에서 보내고 다음 날 다시 하루를 더 보낸 다음에야 깨달음이 왔다. Ⓑ의 번역이 '한걸음도 나가기 어려워' 같은 장소인 '무덤굴 벽'에 기대있었다고 한 데 반해, Ⓒ의 의역은 '무덤이 아닌 빈집을 찾아' 두 번째 밤을 지냈다고 했다. 큰 차이가 아니라고 할 수도 있으나, 해석에 따라서는 일정한 의미를 부여하는 데 달라질 부분이다. 해골바가지에 괸 물을 먹었다는 말은 Ⓔ가 처음 아닌가 한다.

둘째, 이 이야기로 원효의 깨달음을 극적으로 재구성하지만, 주인공은 어디까지나 의상이라는 점이다. 이 대목은 『송고승전』의 〈당신라국의상전〉에 나오지 않는가. 같은 책에 〈원효전〉이 있는데, 굳이 이 이야기를 의상에게 할애한 뜻을 헤아려야 한다. '깨달았다'는 핑계로 장도를 접고 돌아가는 도반을 보면서도, 의상은 '이에 외로운 신세로 홀로 떠나며, 죽어도 물러서지 않겠다고 다짐'하며 굳건한 자기 길을 걸어간다. 〈의상전〉은 그런 의상을 부각시키고 싶었을 것이다.

결론적으로 무덤을 나온 이른 새벽 원효의 '돌아가겠다'는 선언은 그의 생애에서 깨달음의 마무리가 아니라 시작이다. 이것은 원효에게 나타난 보살과 같은 값을 지닌다. 이 일 이후 요석공주와의 일로 파계하고, 원효는 '진짜 성인'을 만나러 거리로 나섰다. 원효에게 성인이란 '뽕나무 농사 하는 농부'이며 '독

짓는 늙은이'요, 심지어 원숭이 무리에게까지 이어졌다. 관세음 보살을 연호하는 그들의 입이 곧 성인이었던 것이다. 굳이 중국과 연결 짓지 않고 깨달음의 다른 양상을 보이는 예이다.

본지수적 사상의 영향

신라의 승려들이 왜 그다지 성인 만남에 적극적이었는지 알아보자. 그것은 바로 본지수적 사상 때문인데, 본지수적이란 부처와 보살이 중생을 교화하기 위해 여러 가지 다른 모습으로 나타내는 것을 말한다. 신라인은 불국토의 원형을 상정해 놓고 그것의 뿌리를 획기적으로 그들 자신에게서 찾았다. 이것이 불연국토의 핵심이다.

이를 두고 동아시아 세 나라의 차이를 비교해 보자.

중국은 『불조통기』 같은 책을 통해 유교와 도교가 불교의 자취에 해당된다는 설명을 하고 있다. 이에 비해 신라는 자신의 땅이 모두 전불시대(석가모니 이전시대) 법수의 길이 흐를 곳이라든지, 월성 동쪽 용궁의 남쪽에 가섭불 연좌석이 있는데, 그 곳은 바로 전불시대 가람의 터라는 설명으로 정리된다. 일본은 신들이 불교의 부처나 보살들과 연결되어 그 화신으로 모습을 드러낸다고 했다.

중국과 일본은 각자의 기존 신앙에 불교를 본지로 여기는 공통점이 있다. 물론 신라도 왕과 왕족의 이름을 석가족에서 따오는 석종의식이 있었다. 이는 중국이나 일본과 비견되지만, 신라는 자신을 부처의 본디 자취라고 여기는, 본지수적의 면에서 보다 적극적인 자세이다.

일연은 『삼국유사』에서 이렇게 말한다.

> 얼마 있지 않아 바다 남쪽에 큰 배 한 척이 하곡현의 사포에 이르러 정박했다. 살펴보니 쪽지에 글이 적혀있기를, "서천축국의 아육왕이 황철 5만 7천 근과 황금 3만 분分을 모아 석가 삼존상을 만들려 하였지만, 이루지 못하고 배에 실어 바다로 띄워 보내노라. 인연이 있는 나라, 거기 가서 장륙존상이 이루어지기를 축원한다"하고, 한 부처님과 두 보살상의 모양을 함께 실어 놓았다.
>
> 현의 관리가 모두 갖추어 보고했다. 왕은 사람을 시켜 그 현의 성 동쪽 좋은 곳을 골라 동축사를 창건하고, 세 불상을 모셔 안치했다. 금과 철은 서울(경주)로 수송하여, 대건 6년 곧 갑오년(574년) 3월에 장륙존상을 만드는데 단번에 마쳤다.
>
> – 『삼국유사』, 〈황룡사 장육〉

황룡사에 모신 장육존상의 조성 내력 이야기이다. 여기서

'인연이 있는 나라'란 단번에 장육존상을 만들어버린 신라이다. 아육왕조차 실패를 거듭하다 그만 둔 일을 신라 사람은 '단번에' 마쳤다. 일연이 이 같은 기록에 크게 흥미를 느끼는 저변을 우리는 생각해야 한다. 신라 사람의 본지수적 사상에 바탕한 설화 형식의 '연기담'에 대해 일연은 전혀 거부감을 느끼지 않는다. 사료를 정리하는 손길에서 뿐만 아니라, 나아가 찬시를 통해 일연은 이것을 매우 단호한 자세로 동의한다.

> 티끌세상이 도리어 진향 되네만
> 향불 드릴 인연이야 우리나라가 으뜸이었던 게지
> 아육왕이 손대기 어려워 보냈겠나
> 필시 월성 옛터 제자리 찾아온 것이니

인연은 '우리나라가 으뜸'이며, 이곳은 '옛터 제자리'라고 노래한다. 더욱이 아육왕이 장륙존상을 이루지 못한 것은 기술의 문제가 아니라고까지 했다. 기술로 친다면 저들이 한 수 위였으면 위였지 아래가 아니었다. 그럼에도 불국하고 조성의 기회를 넘긴 것은 어디까지나 인연의 문제이다. 이처럼 일연은 중국과 일본에 비해 다른 차원의 본지수적 사상이 나타나는 신라를 적극적으로 해석하고 있는 것이다.

본지수적과 성인 만남이 어떤 관계를 맺을까?

중국에서 수행을 마치고도 의상이 성인 곧 관음보살을 친견하기로는 제 나라 제 땅에 돌아와서였다. 공부하는 시스템은 저곳이 더 나을지언정 인연의 요체는 본디 신라 땅에 있었던 것이다. 이것은 곧 본지수적의 다른 모습이다. 아니, 본지수적 사상이 강했기 때문에 성인 만남의 장소가 신라 땅으로 설정되는 것이 자연스러웠다.

원효의 무애행이 가진 뜻

무애행은 어디에도 걸림이 없는 자유자재하는 삶을 말한다. 동짓날 팥죽을 쑤다 솥 안에서 김과 함께 모락모락 나타난 문수보살의 뺨을 때렸다는 무착 문희(821~900)의 이야기는 굳이 길게 인용할 필요가 없겠다. 그도 문수보살과의 만남을 고대해 왔으며, 기실 한번 만났다가 문수인 줄 모르고 헤어진 전력의 소유자이기에 이야기의 틀은 『삼국유사』에 나오는 우리 승려들의 성인 만남과 다를 바 없다. 도리어 우리의 성인 만남의 틀은 중국의 그것에 기대 있어 보인다.

다만 다르기로는 주인공이 국경으로 이격한 신라 사람이라는 점이다.

중국 고승의 성인 만남에는 본지수적 같은 사상은 끼어들지 않는다. 중국에 이런 사상이 없다는 것이 아니라, 중국 또한 인도라는 오리지널을 의식하지 않는 건 아니지만, 중국 불교는 그대로 중국 불교이고, 보살이 불교의 중국 전파시기에 맞추어 태생한 점을 감안한다면 그들의 성인 만남은 본지수적보다는 또 다른 오리지널의 확인이다. 이에 비해 신라는 중국을 거쳐 수입한 불교를 의식하지 않을 수 없다. 중국을 건너 뛴 불교의 원천을 신라로 잡고 싶은 마음 간절했던 것이다.

다른 한편, 성인 만남이 고승들에게 왜 그다지 절실했을까? 무착의 이야기는 수행자가 지나치게 성인 만남에 연연한 당대 풍속에 빰을 때린 것이나 마찬가지이다. 그럼에도 불구하고 성인 만남은 다소 세속적인 표현이기는 하나, 득도의 확정이라는 점에서 버릴 수 없는 가치를 지니고 있다. 기록 속의 일연 또한 서른한 살에 문수보살 친견의 감격 속에 활연한 깨침의 경험을 하지 않았는가.

그런데 신라인이나 일연에게 성인 만남은 또 다른 의의를 부여할 여지가 있다. 그것은 불교에 대한 주체적 인식이고, 본지수적과 불국토 사상으로 이어지는 징검다리이다. 유학승 가운데서도 굳이 성인과의 만남 장소가 귀국 후 신라로 설정된 경우가 나타나는 저간의 사정은 여기서 접점을 찾는다.

여기서 우리가 궁극적으로 귀일하는 사람이 원효이다. 원효에게는 생애 동안 두 번의 선언이 있다. 첫째, 요석공주를 만나 설총을 낳을 때, '하늘을 괴는 기둥을 자르겠다'고 한 것이 제1 선언이다. 둘째, 의상과의 당나라로 가던 중 홀연히 돌아서며, '마음 바깥에 법이 없다'고 한 것, 이것이 제2 선언이다.

[제1 선언]

일찍이 하루는 스님이 거리에서 소리 질러 노래 불렀다.

누가 자루 빠진 도끼를 주려나
내가 하늘을 괴는 기둥을 자를 터인데

사람들은 뜻을 알지 못했다. 그때 태종 임금이 듣고는 말했다.

"이것은 스님이 아마도 귀부인을 얻어 현명한 아들을 낳겠다는 말일 게야. 나라에 큰 현인이 있으면 이보다 더 큰 이익이 있을 텐가."

때마침 요석궁에는 과부로 지내는 공주가 있었다. 임금은 궁궐 관리에게 원효를 찾아 데려 오라 명했다.

[제2 선언]

삼계는 오직 마음이요, 만법은 오직 식뿐이다. 마음 바깥에 법이 없는데 어찌 따로 구할 필요가 있겠는가. 나는 당나라에 가지 않으리라.

단정적으로 제1, 제2라 붙였지만 이 순서는 과연 어느 쪽이 맞을까?

요석궁에서의 파계를 '사자후를 토하며 유학을 그만 두고 돌아온 661년 몇 월 이후부터 태종무열왕이 승하하기 이전의 6월 며칠 그 사이에 있었던 일'이라고 보는 쪽이 우세하다. 그렇다면 위의 순서는 바뀌어야 한다. 태종 무열왕의 딸이 혼자 사는 처지라 했으니, 어쨌건 파계는 김춘추가 왕으로 불리는 654년 4월에서 661년 6월 사이에 일어났을 것이다. 원효의 1차 유학 시도는 650년(34세)이고, 2차는 661년(45세)이다. 그러므로 당연히 후자의 시기로 맞추어야 할 것이다.

그러나 '마음 바깥에 법이 없다'는 선언은 깨달음의 심중한 의미를 지닌다. 요석과의 일을 '무애행의 대표적인 설화인 요석공주와의 법연'이라고 평하기도 하지만, 요석을 만난 일이 승려로서 파계이고 이 자체를 단순히 미화할 수 없다. 도리어 40대 초반의 원효가 미혹의 마지막 단계에서 저지르는 무모한 도전으로 보아야 하지 않을까. 여자와 가까이 하고도 원효는 가고자 하는 자신의 길은 흔들리지 않는다고 믿었을 것이다. 그러나 요석궁에서 자고 나온 이후 본인 스스로 파계임을 인정했고, 그에게는 뼈를 깎는 수행이 뒤를 따랐다고 보아야 한다. 요석궁으로 입궁은 반반의 성패를 가져왔다.

이런 와중에 의상은 제2차 당나라 유학을 계획하고 있었다. 파계 이후 극적 전환이 필요한 입장의 원효로서는 45세의 무리한 나이이지만 따라나설 결심을 할 수밖에 없었을 것이다. 이 해가 661년이다. 6월에 난 국상을 기준으로, 2~3월에는 신라군이 백제 잔당과 사비성에서 격전을, 5월에는 고구려와 접전을 벌이고 있었다. 먼 길을 떠나기 어려운 상황이다. 그런데 국상의 조문에 즈음하여 10월 29일 당의 사신이 왔다. 의상은 이 배를 이용하기로 한 것은 아닐까. 〈의상전〉에 나오는 계구거함의 거함은 이를 두고 하는 말인 듯하다.

그러므로 나는 원효의 파계에 이어 2차 당나라 유학이 이어지는 것으로 본다. 도중 깨달음의 결정적인 힌트를 얻은 원효는 경주로 돌아와, 소성거사라 칭하고 거리로 나섰다. 무애행의 시작이요 참된 깨달음의 출발이었다.

성인 만남의 결정판 범일

원효만큼 극적인 인물이 없고 원효의 생애만큼 극적인 사건이 없다. 일연은 원효의 전기를 쓰며, "그가 살아온 내력과 학문이며 업적은 모두 당나라 승전과 행장에 실렸으니 갖출 필요가 없겠다. 다만 이 지역에서 전하는 한두 가지 특이한 일을 적어 두려 한다."고 말한다. 이 지역이란 경상도 경산이며, 이곳은 원효의 고향이자 일연의 고향이다. 동향이기에 자신만이 알고 있는 사건으로 채우겠다는 말이다. 그래서 가장 극적이라면 극적일 해골바가지 사건조차 쓰지 않았다.

두 번의 선언 끝에 무애행으로 이어지는 원효의 삶은 일연으로서 밟고 싶은 궤적이었다. 그 같은 소망이 신라 특유의 성인 만남, 본지수적 사상에 경도하게 했다. 이를 통해 일연이 살았던 시대를 다시 떠올리게 한다. 13세기 풍전등화의 시기였다. 중국을 보되, 불교를 생각하되, 바람 앞의 등불이 꺼지지 않으려면 취해야 할 자세를 일연은 알고 있었던 것이다.

이제 우리는 먼 길을 돌아 드디어 범일에게 왔다.

범일의 성인 만남은 앞서 자장-의상-원효에게서 보이는 전통과 잇닿아 있다. 자장의 실패와 의상의 성공 그리고 이 두 가지의 변증적 통일을 이루는 경우가 원효의 무애행이었다. 그렇다면 범일은 어디에 속하는가.

굴산조사 범일이 태화 연간(827~835년)에 당나라에 들어가 명주의 개국사에 이르렀다. 왼쪽 귀가 잘린 한 어린 스님이 여러 승려들의 말석에 앉아 있다가 범일스님에게 말을 걸었다.

"저 또한 같은 향리 사람입니다. 집은 명주계의 익령현 덕기방인데, 스님이 다음에 본국으로 돌아가시거든 저희 집을 찾아가 주십시오. 그리고 제 집 한 채 만들어 주시겠어요?"

– 『삼국유사』, 〈낙산이대성관음정취조신〉

이야기는 왼쪽 귀가 잘린 한 어린 스님을 만나는 것으로 시작한다. 어떤 사정이 있는 것일까? 더욱이 그는 범일과 같은 고향 사람이며, 돌아가 안부를 전해달라는 부탁을 잊지 않는다. 범일로서는 측은한 마음이 아니더라도 그런 부탁을 마다할 리 없다.

그런데 '제 집 한 채'라는 말은 무슨 뜻일까? 분주한 와중의 범일로서는 거기까지 세세히 생각할 겨를이 없었던 것 같다.

대중 12년은 무인년(858)인데, 2월 15일 밤에 꿈을 꾸었다. 옛날 보았던 어린 스님이 창밖에 이르러 말하는 것이었다.

"지난 날 명주 개국사에서 스님과 약속하였습니다. 기꺼이 응낙을 하시고도 어찌 이렇게 늦으십니까?"

범일조사는 깜짝 놀라 깨었다. 제자 수십 명을 데리고 익령 근처에 이르러 그 거처를 찾았는데 낙산사 아래에 살고 있었다. 이름을 물으니 과연 덕기였다. 그 여자는 아들 하나를 데리고 있었다. 나이 여덟 살인데, 마을의 남쪽 돌다리 가에 나가 놀았다. 아들이 어머니에게 말했다.

"제가 함께 노는 아이 중에 금색동자가 있어요."

어머니가 이 사실을 조사에게 말하니, 조사는 놀라 기뻐하며 아들과 함께 그가 논다는 다리 아래로 갔다. 물속에서 석불 하나를 찾아 꺼내보니, 왼쪽 귀가 잘린 모습이 전에 보았던 어린 스님과 같았다. 곧 정취보살의 불상이었던 것이다.

－『삼국유사』, 〈낙산이대성관음정취조신〉

대중 12년 곧 858년이라면 범일이 사미승을 만난 날로는 20여 년, 귀국한 날로는 10여 년을 넘긴 때였다. 약속을 까마득히 잊어버린 것이다.

약속한 마음에 꿈속으로 나타난 사미승을 범일은 잠에서 깨어나 여전히 측은한 마음으로 생각했을 것이다. 제자 수십 명을 데리고 한걸음에 찾아간 곳은 낙산사 아래였다. 의상이 관음보살을 뵙고 그 명령에 따라 지은 절 아니던가. 석가모니 불상 옆에 관음보살과 정취보살을 협시보살로 두는 것이 통례이지만, 범일에게는 그마저 떠오르지 않는 모양이다. 사미승이 자신의 어머니라고 말했던 여자의 이름은 덕기, 여덟 살짜리 아들 하나와 사는 모습에서 머나먼 나라 가련한 소년의 모습이 겹쳐졌는

지 모른다.

그러나 정작 아들은 그 소년일 리 없다. 도리어 이 아들이 '함께 노는 금색동자'가 있다는 말에 범일의 뇌리를 스치는 무엇인가가 있었을 뿐이다. 아들이 가리키는 데 따라 물속에서 꺼낸 석불 하나는 왼쪽 귀가 잘린 바로 사미승의 얼굴이었고, 다름 아닌 정취보살을 새긴 불상이었다. 그렇다면 중국에서 만난 사미승은 정취보살의 현신이며, 그런 모습으로 범일 앞에 나타났던 것이다. 세월이 흘러, 하마터면 잊어버릴 뻔 했는데, 꿈속으로 찾아온 사미승 아니 정취보살의 인도는 갸륵하지 않은가.

범일은 드디어 머나먼 거리와 시간이 흘러 성인을 만났다.

다시 한 번 성인 만남을 돌이켜보자. 의상은 중국을 다녀왔으나 신라 땅에서 시작하고 마무리 된 성인 만나기였고, 자장은 중국에서 시작하였으나 신라에 돌아와 마무리하는 데 실패한다. 심지어 중국에서 문수보살을 친견하였음에도 불구하고, 신라에 와서 마지막 순간 재견의 기회를 놓쳤다. 반면 범일은 중국에서 시작하고 신라에 와서 마무리된다.

앞서 의상과 자장 뒤에 원효를 두고 그 의미를 규정해 보았다. 그런데 여기서 원효를 빼고 범일을 집어넣어 보자. 요석과의 파계와는 다른 눈물겨운 이야기가 범일에게 성인 만남과 함께 누벼져 있다. 바로 어머니와 어린 아들의 만남이다. 범일 앞에서 정취보살은 자신이 어머니를 두고 떠나온 가련한 아들이라 했다. 지금 현실 속에 금색동자와 논다는 아들을 정취보살로 나타난 옛 아들과 겹쳐놓으면 이야기는 끝이 없을 것 같다.

범일은 아버지가 누군지 모르고 컸다. 홀어머니 홀로 두고 출가했다. 범일에게 성인 만남은 어머니와의 만남이다. 의상이나 자장 그리고 원효를 뛰어넘는 성인 만남의 결정판이다. 범일은 낙산사에 작은 집을 한 채 짓고 물속에서 꺼낸 정취보살상을 모셨다. 한쪽 귀가 잘린 사미승이 '제 집 한 채'를 갖는 순간이다.

06

밤일의 신화를 쓴 사람들

안광선(임영민속연구회 회장)

신화는 어떻게 만들어지는가

신화를 이야기 한다는 것은 신나는 일이다. 신적인 존재와의 만남도 흥미롭지만 그 뒤에 가려진 이들의 활약은 보다 구체적이고 현실적이다. 우리는 신적인 존재에 매료되어 그가 신격으로 추앙되기까지의 과정과 그 길을 함께한 이들에 대한 관심을 접어두는 우를 범하곤 한다.

신화는 인간이 만든 이야기이다. 신화는 초자연적이고, 신적인 존재를 목격한 이들이 뿌려놓은 상서로운 씨앗에서 비롯되는 것이다. 여기에 많은 사람들이 공감하고 고개를 끄덕거려야 이야기를 시작할 수 있을 것이다. 우리가 성인, 일테면 종교적 지도자로 숭모하고 있는 공자, 석가, 예수, 마호멧 등도 그를 추종하는 제자들에 의해 부활하고 증언을 통해 신격화되었다.

물론 추앙되는 본인 스스로 초자연적인 신이함과 이적 그리고 바른 삶을 제시하는 등 범상치 않은 모습을 보여주지 않았다면 어떠한 행위나 노력도 헛수고일 것이다. 신격화 된다는 것은 본인의 비범함과 그를 추종하는 제자와 공동체의 주민들이 함께 공감해야 가능한 일이다. 스스로 신으로 불리길 원했고, 미륵을 자칭했던 궁예는 왕으로서 신에 가까운 위치에 존재했지만 결국 비참한 최후를 맞았다.

단군과 주몽이 죽어서 산신이 되었고, 신라 탈해왕도 토함산의 산신이 되었듯이 신화적 인물이나 왕이 신으로 모셔지는 경우는 상고시대부터 나타난다.

성황은 성을 지키는 신으로 지역의 수호신, 지역 공동체를 결속하는 구심점으로의 성격을 가졌다. 때문에 지방호족 세력들이 활거한 고려 초기에 성황신앙이 급격히 확산되었다. 이즈음 고려 태조를 도운 무장들이 혼란기를 정리한 공로를 배경으로 성황으로 배향되는 일이 많았다. 고려건국에 공헌한 신숭겸은 곡성, 김인훈은 양산, 김홍술은 의성 등 10여 명이 지역에서 신격으로 좌정했다. 이들의 후세들이 지역 토착세력으로 성장하면서 정치적 입지를 강화하기 위해 공동체에서 받드는 산신이나 성황으로 조상을 추존했다. 민중들은 공신들이 신라말 고려초의 혼란을 통일하고 정리했듯이 지역사회의 어려운 점을 풀고, 수호해 줄 것으로 기대했을 것이다.

이런 점에서 본다면 범일이 대관령 신격으로 좌정한 경우는 이례적이라 볼 수 있다. 범일은 양가집에서 태어나 불가에 귀의하여 당나라까지 유학한 학승이면서 승려에게 주는 최고 지위인 국사를 세 번씩이나 사양할 만큼 올곧은 선승이었다. 그의 문하에는 수많은 법제자들이 있었지만 권력이나 세도를 탐하지 않았다. 혼란기를 수습하고 풍요로운 사회를 기대할 수 있는 강력한 수호신, 성황의 모습은 아니었을 것으로 판단된다.

그렇다면 범일국사는 어떻게 대관령에 우뚝 설 수 있었을까?

신이 되는 조건은 고려초기의 사례에 비추어 본다면 세 가지를 만족해야 한다. 우선 본인이 초자연적인 힘을 가졌거나, 이적을 발휘하는 등 범상치 않아야한다. 그리고 그의 행로를 밝혀주고 뒷받침해줄 훌륭한 제자, 또는 지역에서 세거하는 자손들이 있어야 한다. 그 제자 역시 스승 못지않은 신이함과 덕을 갖춰야 하는 것은 당연하다. 마지막으로 가장 중요한 것은 공동체에서 그를 그리워해야 한다. 그의 선행과 고난, 그리고 극복의 이야기가 꾼들에 의해 계속 구연되고 전승되어야 가능성이 보인다.

이글은 범일국사가 신이 되는 과정에 참여한 주변을 살펴보려한다. 범일국사의 위상에 대한 이야기는 지난 《큰스님, 대관령 신이 되다》에서 여러 전문가들이 충분히 드러냈다고 본다. 여기서는 스승 못지않았던 제자들에 대한 이야기와 신으로 모신 지역 주민들에 초점을 맞추고자 한다.

대관령 시대를 연 낭원개청

굴산문이 개창된 이래 범일의 문하에서 십성제자가 배출되었다고 한다. 십성제자라는 표현은 마치 부처님의 10대 제자를 연상할 만큼 범일의 위상을 추켜세운 것이다. 그중 탁월한 제자를 꼽는다면 낭원개청(834~930)과 낭공행적(832~916)이다.

강릉시 성산면 보광리 보현사에는 낭원개청의 탑비인 낭원대사오진탑비가 천년세월을 버티어 섰고, 경북 봉화군 태자사

보현사

에는 낭공행적의 탑비인 낭공대사백월첩운탑비가 존재했었다. 낭원개청의 탑비는 현재 보물 191호이고 보존상태도 좋은 편이다. 하지만 낭공행적의 탑비는 경북 봉화군 명호면 태자리 태자사터에 세워졌으나 많이 훼손된 채로 1918년 경복궁으로 옮겨져 전시되고 있다.

탑비에는 두 고승대덕의 행로가 뚜렷하게 남아 있어 범일, 개청, 행적의 행로를 이해하는데 중요한 몫을 차지하고 있다. 개청과 행적은 두 살 차이로 행적이 손위이다. 행적이 먼저 불가에 입문하였고 범일에게도 먼저 귀의하였으나 14년간 중국 유학을 다녀오면서 개청이 굴산문의 수제자가 된 것으로 보인다.

이들의 진로는 다른 길이었지만 굴산문의 법맥을 잇고 확산시켰다는 공로는 같다. 낭원개청은 강릉에 남아서 굴산문의 맥을 이었고, 행적은 남쪽으로 내려가 굴산문의 법풍을 전국으로 확산시키는 기초를 다졌다.

개청은 범일에 이어서 굴산사를 지켰지만, 그의 행로는 스승과 사뭇 다른 길을 걸었다. 스승은 선종을 일으킨 정통파였다면, 개청은 앞장서서 민중을 이끈 적극적인 행동파였다. 이 같은 성향은 굴산사에 머물다가 보현산사 즉, 지장선원으로 자리를 옮기면서 본격화된다.

개청의 속성은 김이고 '동명의 관족', '본국의 종지'라는 표현으로 보아 신라귀족이다. 어려서는 유학을 공부하여 이 부문에서 으뜸으로 추앙받기도 했다. 어머니 복고씨는 꿈에서 신승으로부터 금인을 받아 범상치 않은 인물을 잉태한 것을 알았다. 또 개청이 훗날 범일을 만날 때도 신승이 길을 인도해 주었다.

834년(흥덕왕 9)에 태어나 진주 엄천사에서 구족계를 받았다. 금산에서 3년간 솔잎만 먹으며 부지런히 참선하던 차에 홀연히 노인이 나타나 "굴령을 찾아가시오. 거기에는 시대를 탄 대사이며 세속을 벗어난 신인이 계시니, 능가보월의 마음을 깨달았고, 인도제천의 종성을 모두 통달했다."고 했다. 개청은 노인선객의 말을 따라 불원천리하고 오대산에 이르러 범일을 친견했다. 범일은 "어찌 이리 늦었는가. 오랫동안 너를 기다렸노라."하면서 제자로 받아들였다.

낭원대사오진탑비의 비문에 의하면 개청은 범일의 문하에서 정진하면서 굴산문을 이끌어간 것으로 보인다.

> 심인을 전해 받고 산에서 나오지 아니하였으며 오직 산문에서 생활했다. 대사의 나이가 이미 90세에 이르렀으므로 극히 권태로운 일은 맡을 수 없었을 뿐만 아니라, 학인을 지도하는 일도 할 수 없었다. 개청이 찾아오는 학인들에게 선을 가르치니 법주와 같이 섬겼으며 부지런히 학도를 제접하였으니, (중략) 문덕 2년 여름에 통효대사(범일)가 입적하니, 대중들은 모두 검은색 두건을 썼으며, 끊긴 학문의 슬픔이 배나 더하였고, 스승을 잃어버린 아쉬움 또한 더욱 간절했다. 그러므로 정성을 다하여 보탑을 수축하고, 급히 비석을 세워 항상 송문을 수호했다.

개청은 범일의 노년에 그를 대신하여 찾아오는 학인들을 가르칠 만큼 학식이 풍부했다. 범일로부터 심인을 전해 받은 수제자로서의 위치를 확고히 하고 있었던 것으로 보인다. 범일의 입적(889) 후에도 '보탑을 수축하고 급히 비석을 세워 송문을 수호'하는 등 범일의 수제자, 후계자로서 솔선수범했다.

개청은 범일 사후에도 한동안 굴산사에 머물며 종풍을 이어갔다. 913년(신덕왕 2) 개청의 제자인 민규 알찬은 보현사를 희사했다. 이에 개청은 인연이 있다며 보현사를 중창, 대관령 중턱에 지장선원을 열었다.

보현산사는 650년(진덕여왕 4)에 자장율사가 처음 세운 사찰이다. 지장선원의 성격을 명확히 밝힐 수는 없으나 지장이라는 명칭에서 자기 수양 위주의 선보다는 당시 민간에서 유행하던 정토신앙, 미타신앙, 미륵신앙을 유추해 볼 수 있다.

지장보살은 석가모니가 입적한 후에 미륵불이 오실 때까지 중생을 교화하는 보살로 '모든 중생을 제도하고, 지옥의 한 중생이라도 성불하지 않는다면 나도 성불하지 않겠다'는 지극히 현실참여적인 보살이다.

정토신앙은 불경의 깊은 교리를 터득하지 않더라도 극락세계에 살아서 간다는 뜻의 '나무아미타불'을 외우면, 고해에서 벗어나 서방의 정토(극락)에 귀의할 수 있다는 지극히 단순한 신앙이었다. 그러므로 일반 백성들도 손쉽게 믿을 수 있었는데, 이와 같은 정토신앙은 통일신라의 사회적 모순에 시달리고 있던 민중들의 현실 도피적 염세경향을 반영해준 불교 내세관의 표시라고 볼 수 있다.

범일의 입적 후 강릉 뿐 아니라 정국은 혼란기를 맞는다. 농민봉기와 유민들이 산적이나 비적으로 변하여 노략질을 일삼았다. 개청은 굴산사에서 혼란기를 보내면서 승려로서 자신의 해탈보다는 중생의 구제에 관심을 가진 것으로 보인다. 개청의 이 같은 사상은 굴산사에서 보현산으로 자리를 옮기면서 행동으로 나타난다.

개청은 대중들의 삶에 관심을 가졌다. 농민봉기와 산적들의 습격 그리고 전쟁으로 피폐해진 대중들을 포용하고 민심을 추스르고자 앞장섰을 것이다. 지장선원을 열고 선객, 후학 양성에 힘쓰는 한편 민중들의 계도에 적극성을 보인다. 굴산사가 학산에 있을 때는 산적과 비적이 들끓고 안정을 잃어버린 사찰이었지만, 지장선원은 크게 선풍을 일으키며 많은 문법대중과 스님들이 거주하면서 기도하는 대규모 선원으로 변화했다.

> 초목을 베어내고는 둔덕을 깎아 평지를 만들고 통로를 개설하였으며, 또 높이 전탑(흙을 구워 올린 탑)을 수축하는 한편 담장을 치고 대문을 크게 열어 회상을 차리니, 문법대중이 구름처럼 모여들어 대중은 바다와 같이 많았다. 길상의 도량이므로 크게 기뻐하였고, 지혜의 달이 문 앞을 비추므로 함께 공덕의 숲을 의지하였으며, 자비의 구름 또한 자욱이 지붕을 덮었다.

지장선원 개창은 대관령을 신성공간, 성역화하는 계기가 된다. 굴산문 중심의 이동이라는 점 이외에 대관령 중턱에 위치했다는 점에서도 의미가 남다르다. 더욱이 "초목을 베어내고는 둔덕을 깎아 평지를 만들고 통로를 개설했다."는 것은 그동안 남북으로 즉, 신라와의 교류에서 벗어나 동서 즉, 고려와의 교류를 상징하고 있어 강릉의 변화를 보여주는 대목이다. 현재도 보현사를 거쳐 대공산성 그리고 선자령으로 이어지는 등산로가 대관령으로 오르는 지름길이다.

개청의 불사로 인하여 대관령에 길이 열리고 많은 대중들이 몰려들면서 강릉의 실세라고 할 수 있는 순식과 인연을 맺는다. 이들의 만남은 강릉의 역사에 큰 획을 긋는 거사였다. 순식은 강릉지역 사회의 리더였고 개청은 사문의 리더였다. 순식은 개청의 후원자 즉, 단월로써 지장선원의 성과를 극찬했다. 신라 경애왕이 사람을 보내어 나라를 도와 보호할 수 있는 방법을 물으며 국사의 예를 표했다.

기록 속의 '이승사'는 지장선원

낭원개청이 지장선원을 열면서 얻은 중대한 의미는 대관령의 성역화이다. 강릉단오제와 관련한 기록은 1603년 허균의 기록이 최초의 것으로 기원을 유추할 수 있는 단서는 없다. 『삼국지』 동이전에 실려 있는 동예의 무천이 강릉단오제를 연관시켜왔지만 10월과 5월이라는 차이를 극복하는데 한계를 보이곤 했다.

하지만 대관령에서의 제사는 곧바로 현재 단오제와 연결고리를 형성할 수 있어 '천년 강릉단오제'라는 슬로건을 세울 수 있는 확증과도 같은 것이었다. 이는 개청과 순식에게서 만들어진다. 936년 순식은 고려의 통일전쟁에 동참하기 위해 군사 3천을 거느리고 대관령을 넘는다.

> 고려 태조를 도와 왕순식이 신검을 토벌하였는데, 이 때 태조가 왕순식에게 말하기를 '꿈에 이상한 중이 갑옷

을 입은 병사 3천을 거느리고 온 것을 보았는데, 다음날 그대가 군대를 거느리고 와서 도와주었으니 이것이 바로 감응이다.' 하니 왕순식이 '제가 명주에서 출발하여 큰 고개(대관령)에 도착했을 때 이승사가 있어 상을 차리고 제사를 지냈습니다. 상감께서 보신 꿈은 이것입니다.' 하니 왕이 이상히 여겼다.

대관령은 강릉의 진산으로 지역민들이 늘 바라보고 있는 산이면서도 한편으로는 넘어야 하는 큰 고개이다. 이곳에 이승사가 있었다. 『고려사』 열전에 기록된 고려 태조 왕건과 순식의 대화에 등장하는 이승사는 지장선원으로 보인다. 그리고 주목할 부분은 대관령에서 상을 차리고 제사를 지냈다는 점이다.

왕순식은 군사 3천을 이끌고 신검을 토벌하기 위해 대관령을 넘는다. 앞서 언급하였듯이 개청은 대관령에 길을 냈다. 산에 길이 없거나 좁은 새들이나 지나다닐 만큼 좁고 험한 경우, 대규모 병력이 모여 이동하면서 제사한다는 것이 쉽지 않을 것이다.

순식은 그 길을 알고 있었기에 찾아 왔을 것이다. 개청은 비록 6년전(930)에 입적하였지만 지장선원은 순식의 영향력이 지속되었을 것이고, 3천여 병사는 대관령을 넘기에 앞서 지장선원에서 승전을 위한 제사를 지냈을 것으로 판단된다. 왕순식의 제사 이후에도 지장선원의 승려와 신도들은 출병한 지역민들을

위해 기도하였을 것이고 이러한 행위는 공동체의 신앙생활에도 영향을 미쳤을 것이다.

더욱이 17세기에 발간된 『임영지』에는 "왕순식이 고려 태조를 따라 남쪽을 정벌할 때, 꿈에 승속 두 신이 병사들을 이끌고 와 구해 주었다. 깨어나서 싸움에 이기매 대관령에 제사하였는데 지금에 이르기까지 제사를 지내오고 있다."고 기록하고 있어 그 신앙성이 오래 지속되었음을 짐작할 수 있다.

이승사의 실체에 대해서는 아직 논란이 많다. 범일의 사당으로 보거나 자장율사의 사당으로 보기도 한다. 하지만 개청과 왕순식의 관계를 보았을 때 이승사는 지장선원으로 보는 것이 설득력을 갖는다.

이승사의 이승異僧과 사祠를 분리하여 논의의 대상으로 삼는 것은 논란을 확산시킬 뿐이다. 다만 지장선원 내에 고승대덕의 영정을 모시는 사당 성격의 장소 즉, 영당이 마련되어 있었다면 나름 쉽게 풀어질 수도 있다. 사당 안에 개청이 범일국사의 화상을 모셔놓았을 수도 있고, 개청의 제자들이 개청의 영정을 모실 수도 있기 때문이다. 이러한 상황, 이승사의 존재는 대관령을 강릉의 신성한 공간으로 부각시켰다는 점에서 각별하다. 대관령에서 치제가 계속 이어질 가능성은 얼마든지 존재한다. 때문에 그 공간에 있던 인물이 신격화될 개연성도 충분하다.

십수 년 전 강릉에서 '미타계좌목'이라는 향도회첩이 발굴된다. 이는 강릉 보현사의 기불단체인 미타계의 계첩으로 1681년(조선 숙종 7년)에 향도조직으로 결성되었다고 한다.

여기에서 '미타존불도'라는 신라말기 강릉지역의 향도조직이 파악된다. 이 시기는 강릉 학산에 굴산사가 존재하고, 지장선원이 개창되는 등 굴산문이 활발히 포교활동을 하는 시점으로 볼 때, 미타존불도는 굴산문과 연계되는 향도조직일 것으로 추정할 수 있다. 명주호족을 중심으로 지역민들이 동참한 공동체적 성격을 띠고, 불상·불탑·사찰의 조성을 비롯하여 각종 법회시주 등 신앙행위를 이행하였을 것으로 보고 있다.

이처럼 개청은 강릉에 머물면서 대관령을 공동체 신앙의 발원지, 강릉의 신성구역으로 승화시켰다. 개청은 신라 경애왕의

국사가 되고, 930년(경순왕 4)에 입적하였으니 세수 96세였다. 또한 고려 태조는 개청에게 시호를 '낭원', 탑은 '오진'이라는 별호를 내림으로써 개청은 신라와 고려 양국에서 국사가 되었다. 개청의 문하에 신경·총정·월정·환언·혜지 등 수백 인이 있어 법통을 계승 발전시켰다.

구름처럼 물처럼 수행한 낭공행적

행적은 스승과 많이 닮아있다. 하동 사람으로 속성은 최이다. 중국 제나라 후손이며 사신으로 왔다가 경주에 남게 되었다고 한다. 어머니는 설씨의 꿈에 한 스님이 나타나서 "전생의 인연을 좇아 어머니의 아들이 되기를 원합니다."라 했다고 전한다.

832년(흥덕왕 7)에 태어났는데 기이한 골상이어서 보통 사람과 달랐다. 자라면서 아이들과 놀 때에도 반드시 불사를 하였으니, 항상 모래를 모아 탑을 만들고 풀잎을 따서 향으로 삼았다고 한다. 일찍이 출가수도를 시작하여 855년(대중 9) 복천사에서 구족계를 받았다. 그길로 하산하여 곧바로 굴산을 찾아가 범일국사를 친견하고 입실했다.

행적은 굴산문에 머물며 범일을 극진히 모시고 수년 동안 수행하였으나 진리를 깨닫는 경지에 이르지 못함을 스스로 질책했다. 870년(경문왕 10), 조공사 김취영을 따라 당나라로 가서 의인의 도움으로 의종황제의 생일에 입궐하여 자신의 뜻을 밝히고 신임을 얻는다.

> 황제가 대사에게 "머나 먼 바다를 건너오신 것은 무엇을 구하려 함입니까?" 물었다. 대사가 황제에게 "소승이 구하고자 하는 것은 두루 영적을 샅샅이 참배하여 적수의 구슬을 찾고, 귀국하여서는 우리나라를 비추는 청구의 법인을 짓고자 합니다."라고 대답했다.

행적은 의종에게 중국에서 선승들의 흔적을 찾아 참배하고 그 정수를 찾아 귀국하여 불법을 설파하겠다는 유학의 목적과 자신의 의지를 밝혀 신망을 얻는다. 그 후 행적은 오대산 화엄사에 들러 문수대성전에 기도했다. 중대에서 만난 신승에게서 "멀리 오느라고 고생이 많았다. 이곳에 오래 머물지 말고 속히 남방을 향하여 가라."는 가르침을 받는다. 행적은 남방으로 순례를 떠나 신라승 무상대사의 영당에 예배하였고, 청원 문하의 석상스님으로부터 심인을 받는다. 신라인으로서 청원의 법을 이은 것은 그가 시초였다.

행적은 범일의 뒤를 이어 중국의 선종을 국내에 전파하는데 큰 역할을 했다. 14년 만에 귀국한 행적은 범일의 문하에서 잠시 머물렀으나 곧 구름을 따라 만행을 떠났다. 889년, 범일이 위중하다는 소식을 듣고 굴산사로 돌아와 심인을 받는다.

범일 입적 후 행적은 굴산사를 떠나 춘천의 건자암에서 산문을 열고 주석하였으나 혼란한 시기로 인하여 자리를 잡지 못하고 경주, 김해 등지로 옮겨 다녔다. 효공왕이 보위에 오르면서 행적을 초빙하였고, 신덕왕도 궁중으로 초빙하여 국사의 예로 대우했다.

915년 여제자인 명요부인이 석남산사를 희사하자 주지로 부임하고 이듬해 봄 가벼운 병을 앓다가 "도를 잘 지키고 잃지 말 것이며, 너희들은 정진에 힘써 노력하고 게을리하지 말라"는 유언을 남기고 열반했다. 세수는 85세, 승랍은 61세였다.

행적은 중국에서 선종을 배웠으나 스승인 범일과는 노선이 달랐다. 범일은 마조도일 계통이었고, 행적은 석두계 계열의 불법을 배워 귀국했다. 때문에 범일의 뒤를 쫓았던 개청과는 약간의 노선차이를 보여 함께 굴산사에 머물지 못하고 떠난 것으로 보인다.

신라후기에 당나라로 갔던 선승들이 주로 마조계의 선법을 계승하여 귀국하였는데 비하여, 고려초기의 선승들은 중국 남방에서 석두계의 선법을 계승하고 있는 점에서 차이를 보인다. 특히 고려 태조 왕건과 친숙했던 사무외사라는 4명의 걸승이 대표적인 석두계의 선승들이다. 이들은 도가 사람을 떠나 있지 않으며, 또한 다른 사람에게도 있지 않으므로 각자가 능히 도를 널리 편다고 했다. 곧 다른 사람의 마음이나 다른 사람으로부터의 깨침을 부정하고 일심을 강조하고 있다.

실제로 이엄은 923년에 왕건에게 "도는 마음에 있고 일에 있지 않으며, 법은 자기로 말미암은 것이요 다른 사람으로 말미암은 것이 아니다"라고 했다. 이러한 사무외사의 선풍은 '비심비불(자기의 마음이나 부처에 의뢰하고 집착하는 생각을 버린다는 뜻)'을 강조한 마조도일의 선풍과는 분명히 다른 것이다.

시호를 낭공, 탑을 백월첩운이라 했다. 문하에 500여 인이 있어 문풍을 전승했다.

스님이 무속의 성황신이 되다

개청과 행적의 선풍은 불교계에서 큰 별이었다. 이들의 포교활동이 지도층과 민중들의 호응을 얻을수록 범일의 인물됨과 업적은 후대에 전승되었을 것이고, 신격화를 앞당겼을 것이다. 때문에 선종 계열 고승대덕들의 행적을 기록한 『조당집』에도 범일의 비범함이 곳곳에 드러나 있다.

범일국사는 '해'를 받드는 꿈에서 태어났고, 정수리에 구슬이 있었다. 중국 유학중에는 물의 신 '하백'의 인도를 받았고, 땅에서는 '산신이 마중'을 나왔다. 힘겨울 때는 '짐승이 주는 음식'을 먹고 기운을 냈으며, '신령한 학'이 귀인의 등장을 알렸다. 이러한 기록은 이미 신성화 단계에 들어서 있음을 내포하고 있다.

강릉의 향토지인 『증수임영지』(1933년)에는 범일국사의 탄생설화가 기록되어 있다.

> 신라 때 양가의 딸이 굴산에 살고 있었으나 나이가 들도록 시집을 못 갔다. 우물에서 빨래를 하고 있는데 햇빛이 배를 비추자 돌연히 산기가 있었다. 아비가 없이 아들을 낳자 집안사람들이 이상하게 여길 것 같아서 아기를 얼음 위에다 버리니 새들이 날아와 아기를 덮어 감쌌다. 밤이 되자 하늘에서 상서로운 빛이 비추었다. 아기를 도로 데려다 기르니 이름을 범일이라 했다.

여기서는 범일이 햇빛에 의해 잉태된 신이함을 보인다. 또 얼음 위에 버려졌을 때도 새들이 감싸주는 등 이적이 나타난다. 시기는 신라 때로 명시되어 있지만 아버지는 인간이 아니라 '햇빛, 상서로운 빛' 등 천신계의 태양신으로 등장한다.

『증수임영지』에서는 어머니를 『조당집』과 달리 성씨를 밝히지 않고 굴산 양가의 딸이라고 기록했다. 우물에서 빨래를 하다가 햇빛에 의해 아기를 잉태한다. 따라서 범일의 어머니는 수신계 신앙과 관련된 인물이라고 할 수 있다. 우리민족의 주몽신화 같은 건국신화에서 볼 수 있는 천부수모(하늘의 아버지와 물의 어머니)형의 신화를 닮았다.

다른 문헌에서는 보다 세부적이고 신화적 요소가 짙어진다. 1957년, 『명주』지에는 필명 경호가 쓴 범일국사의 이야기에는 '햇볕'이 '해'로 바뀌었다.

(…) 그 어느 여름철 새벽에 이 꽃같이 아름다운 아가씨가 일즉히 문전옥답가 우물로 물 길러 나갔다고 합니다. 조롱박으로 동이에 찰랑찰랑 차도록 물을 길어 담고 자고 갓 깬 김이라 목도 마르고 하여 시원한 물을 바가지로 퍼서 한 목음 마시려 하는데 때마침 동녘 바다위로 싱글벙글하는 힘찬 해가 솟아오를 무렵이라 그 해가 우물 속에도 비치어 아가씨는 그 물 속에 비친 해를 우연히도 떠먹었더랍니다. 이상하게도 오조(입덧)가 생기며 산기가 있어 배가 부르게 시작하였더랍니다. 날이 가고 달이 차면서 열 달 만에 이 아가씨는 이목이 뛰어나고 풍채가 비범한 애비 없는 옥동자를 낳았으니 (…) 어린아이는 조금도 여윈 기색도 없을뿐더러 아기 누운 자리 밑에는 포근한 학의 털이 깔려 있었으며 그 입가에는 젖 같은 액수가 묻어 있었고 그 바위 가에는 학들이 모여 울고 있었더랍니다.

범일의 아버지가 태양신이라는 것이 구체적으로 드러난다. 추상적인 햇빛이 구체적인 해로 바뀌었다. 범일은 바가지에 담긴 '해'였으며, 버려진 후에도 초자연적인 이적으로 생명력을 유지하고 있다. 다른 문헌에는 이름을 '梵日'대신 '泛日'로 쓰기도 하는데 이는 바가지에 뜬 해를 마시고 잉태했다는 의미를 강조하고 있다. 신이한 탄생과 낳자마자 버려지고 다시 구조되는 등 고난과 극복, 업적을 달성하는 영웅의 신화적 일대기를 충실히 보여주고 있다.

범일에 관련한 문헌자료나 설화를 종합해 보면 '해', '햇볕' 등 천신과 관련된 상징들을 발견할 수 있다. 전승자들은 왜 범일에게 천신의 모습을 담으려 했을까? 그것은 대관령의 신은 천신이기 때문일 것이다. 현재도 강릉단오제에서는 대관령에 올라가 고유하고 산정에서 신이 강림한 신목을 모시고 내려와 축제를 벌인다. 산정에서 강림하는 신은 천신계이다. 우리민족의 건국신화인 단군신화, 주몽신화, 수로왕신화, 혁거세신화 등의 신화들은 산정에서 비롯되었다.

급기야 민중들은 범일국사를 신으로 본다. 범일이 선승의 이미지를 벗고 대관령의 주신으로 좌정하면서 강릉단오제의 주신이 된 것이다. 『조당집』이나 『임영지』에서는 신격화를 드러낼 뿐 신이 되었다는 표현은 찾을 수 없다. 범일이 신이 되었다는 사실은 민중들의 입에 새겨져 있을 뿐이다. 민중들이 모시는 신들은 풍요를 위해 음양의 조화를 이루어야 한다. 이러한 전통적 사고는 고승 범일을 결혼시키고 신으로서의 자격을 완성시켰다.

국사여성황으로 알려진 정씨녀는 강릉시 남문동 초계정씨 경방댁에 사는 처녀였다. 정씨녀에 대한 설화도 몇 가지 이본들이 전해진다. 초계정씨 정상순씨가 어릴 때 들은 이야기는 다음과 같다.

옛날 강릉, 현 최씨네 집에 정씨가 살고 있었다. 과년한 딸이 있었는데 정씨 꿈에 대관령 성황신이 나타나 장가오겠다고 했다. 정씨는 사람이 아니기에 거절했다. 그 후 정씨네 딸이 툇마루에 앉아있는데 호랑이가 업고 달아났다. 가족들이 대관령 국사성황을 찾아가보니 성황과 함께 서있는데 죽어 정신은 없고 몸만 비석처럼 서있었다. (그러나 몸이 떨어지지 않아) 가족들이 화공을 불러 화

상을 그려 세우니 비로소 몸이 떨어졌다. 이처럼 국사성황이 호랑이를 사자로 보내 처녀를 데려가 처로 삼은 날이 바로 4월 15일이므로 이 날 대관령에 올라가 국사성황님을 모셔다가 여성황사에 모신다는 것이다.

이 설화는 4월 보름날 대관령의 국사성황을 모시는 영신제에 대한 유래담이다. 국사성황이 호랑이를 시켜 정씨녀를 데려가 혼배한 날이 4월 보름이기 때문에 해마다 의례를 행한다는 것이다. 이 설화는 4월 보름 대관령 국사성황 영신제라는 중요한 의례의 성립과정을 말해주는 근원설화로서 기능하고 있다. 특히 호환을 당한 존재가 여국사성황으로 좌정했다는 사실은 전통적으로 내려오던 호랑이신앙과 무속이 결합한 결과라고 보는 시각도 있다.

범일은 강릉을 비롯한 영동일원의 민중들을 보살피는 수호신이 되었다. 본인의 고매한 인품과 신이함으로 널리 선풍을 드러냈고 제자들은 현지에서 또는 외지에서 스승의 가르침을 바탕으로 민중을 구제하고자 했다. 이러한 공적들은 공동체 안에서 민중들의 믿음과 신망을 얻었고, 결국 강릉의 수호신으로 좌정하는데 큰 몫을 담당했다.

07

내 마음의 화두
굴산사 당간지주

이홍섭(시인)

마음을 정화시켜 주는 성소

먼 길을 돌아 다시 고향 강릉을 찾았을 때, 내가 가장 먼저 보고 싶었던 것은 굴산사 당간지주(보물 제86호)였다. 강릉에는 전국에서도 으뜸가는 문화재들이 많이 있지만, 유독 구정면 학산리 논 한가운데 우뚝 서 있는 굴산사 당간지주를 먼저 만나고 싶었다.

불혹의 나이에 이르러 귀향한 뒤 처음으로 이 성소로 찾아간 것은, 장작개비처럼 천지사방으로 날아가는 내 마음을 당간지주가 잘 붙들어 매줄 수 있을 것 같았기 때문이다. 돌아온 탕아처럼 어깨를 축 늘어뜨린 채 당간지주 앞에 서자, 당간지주는 마치 너의 마음을 다 안다는 듯이 두 팔로 내 어깨를 쫙 펴주었다. 그날 이후 나는 마음이 울적해질 때나, 지병처럼 외로움이 찾아올 때면 마치 스승을 찾아가듯 굴산사 당간지주를 찾았다.

그것은 일종의 귀향 신고식 같은 의례였다. 청춘 시절 굴산사 당간지주를 처음 찾아 갔을 때, 이 웅혼한 두 개의 돌기둥은 마치 거대한 신전처럼 하늘을 떠받치고 있는 것처럼 보였다. 단 두 개의 석주로 하늘을 떠받친다는 것이 가당키나 한 일이겠는가. 그러나 멀찍이 물러나 있는 산을 병풍 삼아 너른 논 한가운데 우뚝 서 있는 굴산사 당간지주는 충분히, 넉넉하게 하늘을 떠받칠 수 있을 듯 했다.

그날 이후 나는 신심 깊은 신도처럼 틈만 나면 굴산사 당간지주를 찾았다. 거기에 화려한 불상이 있는 것도 아니고 구구절절한 팔만대장경이 있는 것도 아니었지만 나는 마치 불상을 경배하듯, 팔만대장경을 열람하듯 당간지주와 마주하곤 했다. 저 멀리서 당간지주가 보이기 시작하면 내 마음은 어느덧 성소에 들어선 듯이 맑고, 정결하게 정화되곤 했다. 당시 나는 굴산사 당간지주를 소재 삼아 아래와 같은 시를 썼다.

산들은 낮고
하늘은 높고도 높아서
나는 속절없이 죄인이다

가도
가도
죄는 씻을 수 없다고
굴산사 당간지주는

저렇듯 마주 보고 섰는 것이다

오래도록 마주만 보고 서 있는 것이다

– 졸시, 「굴산사 당간지주」, 『강릉, 프라하, 함흥』
(문학동네, 1997)에 수록

위의 시를 썼을 때는 굴산사 당간지주가 지닌 성소로서의 이미지가 강렬하게 다가왔을 무렵이었다. 당간지주도 마치 사람의 죄를 대속하는 속죄양처럼 보였다.

시간이 흘러 나이를 먹어갈수록, 굴산사 당간지주는 마치 선불교에서 수행자들에게 길을 인도해주는 선지식처럼 다가왔다. 아무런 장식이 없이 그저 큰 막돌 하나를 박아놓은 듯한 당간지주의 모습에서, 세상의 알음알이와 분별심을 일거에 물리치는 '불립문자 교외별전(깨달음은 말이나 글로 설명하지 않으며, 경전이나 책으로 전하지 않는다)'의 정신을 보았다. 또한 에두르지 않고 사람의 마음속으로 바로 직진하는 '직지인심 견성성불(사람의 마음을 가리켜 본성으로 부처를 이루게 하는)' 경지를 느꼈다. 당간지주에서 느낀 이러한 정신과 경지가 이곳 굴산사에서 사굴산문을 개창한 범일국사의 선사상과 닮아있다는 것을 안 것은 시간이 한참 흐른 뒤였다.

범일국사의 선사상과 굴산사 당간지주

이 세상에서 인간의 손을 거쳐 간 물건 중에 그냥 만들어지는 것은 없다. 아무리 하찮게 보이는 물건이라 할지라도 그 속에는 그것을 만든 사람의 혼과 정신이 배어있기 마련이다. 하물며 종교 공간에 만들어진 성물이라면 말해 무엇 하겠는가.

따라서 굴산사 당간지주가 이곳 굴산사에서 40년간 주석하며 사굴산문을 개창한 범일국사의 사상과 가르침을 반영한 것이라는 상상은 참으로 자연스럽고 당연한 일이다. 여기에 더하여 이러한 사상과 가르침을 실현하는데 힘이 된 당대의 문화 또한 눈여겨 살펴보아야 할 것이다.

범일국사의 선사상은 『조당집』에 실려 있는 일대기를 통해 그 일단을 찾아볼 수 있다. 범일은 스승 제안대사를 처음 만났을 때 다음과 같은 법거량(스승이 제자의 수행 상태를 점검하기 위해 주고받는 문답. 혹은 선객들 사이에 주고받는 선에 대한 문답)을 한다.

"어디에서 왔는가?"

"동국에서 왔습니다."

"수로로 왔는가, 육로로 왔는가?"

"두 가지 길을 모두 밟지 않고 왔습니다."

"그 두 길을 밟지 않았다면 그대는 어떻게 여기에 이르렀는가?"

"해와 달에게 동과 서가 무슨 장애가 되겠습니까?"

막힘없는 답에 제안대사가 감탄하며 '실로 동방의 보살'이라고 극찬을 보낸다.

이번에는 범일이 묻고 제안이 답한다.

"어찌하여야 부처를 이룹니까?"

"도는 닦을 필요가 없나니 그저 더럽히지만 마라. 부처란 견해, 보살이란 견해를 짓지 마라. 평상의 마음이 곧 도이니라."

제안의 가르침은 자신의 스승인 마조선사가 강조한 '평상심시도'를 전한 것으로, 범일의 법맥이 혜능, 남악, 마조로 이어지는 남종선의 적통에 닿아있음을 보여준다. 꾸밈없이 자연미를 그대로 살린 굴산사 당간지주는 이러한 평상심시도의 정신이 배어있다고 할 수 있다.

범일은 이 말에 마음이 활짝 열리듯이 깨달음을 얻은 다음 6년 동안 제안대사를 스승을 정성껏 모시다가 역시 당대의 고승인 약산선사에게로 갔다.

약산이 묻고 범일이 답한다.

"요즘 어디서 떠났는가?"

"강서에서 떠났습니다."

"무엇하러 왔는가?"

"스님을 찾아왔습니다."

"여기는 길이 없는데 그대가 어떻게 찾아왔는가?"

"스님께서 다시 한 걸음 나아가신다면 저는 스님을 뵙지도 못할 것입니다."

그러자 약산이 찬탄하며 말했다.

"대단히 기이하구나! 대단히 기이하구나! 밖에서 들어온 맑은 바람이 사람을 얼리는구나."

약산이 찬탄한 맑은 바람이란 바로 범일을 가리킨다. 그 바람은 맑되, 사람을 얼릴 정도로 강력한 바람이다. 한 마디로 범일이 크게 깨친 선승이라는 뜻이다.

굴산사 당간지주는 스케일에서 다른 당간지주들을 압도한다. 높이 5m 40cm에 이르는 이 거대한 당간지주를 보고 어떤 이들은 영국의 거석 기념물인 스톤헨지와 비교하기도 하고, 또 어떤 이들은 만주 벌판에 우뚝 서 있는 광개토대왕비와 비교하기도 한다. 스케일이 크다는 것은 그것을 만든 사람의 상상력과 위상이 그만큼 크다는 것을 의미한다. 사람을 얼릴 정도로 강력한 바람이었기에 가능한 일이다.

굴산사 당간지주는 미학적 측면에서도 타의 추종을 불허한다. 대개의 당간지주는 위쪽의 크기를 줄이거나, 바깥쪽 모서리의 모를 깎아서 유려한 느낌을 강조한데 반해, 굴산사 당간지주는 그냥 큰 막돌 두 개를 세워놓은 듯 자연미가 도드라진다. 지주의 표면도 돌을 다듬을 때 생긴 정 자국을 그대로 살리면서 그 어떤 장식도 더하지 않아 돌의 재질, 돌의 멋이 그대로 느껴지도록 했다. 한마디로 묵직한 남성미가 돋보이는 조각 작품이라 할 수 있다. 마음의 부침이 없는 평상심시도의 정신이 아니면 이와 같은 조각품이 나올 수 없다.

범일국사의 제자인 낭원대사는 스승이 열반에 들자 "배움 끊어진 슬픔이 훨씬 더했고 스승 잃은 한스러움에 뼈가 저렸다."(지장선원[강릉 보현사] 낭원대사 오진탑비)라고 슬퍼했다. 일찍이 낭원이 깨달음을 구하러 찾아왔을 때 범일국사는 "어찌 그리 늦었는가. 오랫동안 너를 기다렸다"라며 제자를 반긴 바 있다. 스승은 제자를 알아보고, 제자는 또 그 스승을 깊이 존경했음을 보여주는 일화로, 사굴산문의 법맥이 어떻게 이어져 왔는지를 잘 보여준다.

신라 효공왕 때의 문신으로 당나라에 유학하여 빈공과에 합격한 바 있는 당대의 문장가 박인범은 범일국사의 초상화를 보고 지은 글에서 "최상의 법은/ 깊고 깊어 아득하네/ 맑고 밝은 달이 흰 것과/ 장강이 맑은 것은/ 얼굴相이 보여도/ 이내 모습形은 사라지네/ 모습이 없는 그 모습을 / 단청으로 나타내리."라고 읊었다.

한국불교에 일획을 그으며 역사와 문학, 그리고 신화로까지 펼쳐지는 범일국사의 일대기는, 일체의 기교를 거부하는 굴산사의 당간지주처럼 언제나 맨얼굴로 우리 앞에 다가온다. 굴산사 당간지주의 미학은 이러한 범일국사의 위상과 선정신이 낳은 결과물이라 할 수 있다.

굴산사 당간지주의 구조

당간지주는 말 그대로 절의 당간을 고정시키는 지주를 말한다. 옛날에는 절에 행사가 있을 때에 멀리서도 보이도록 당幢이라는 좁고 긴 깃발을 달아두었는데, 이 깃발을 달아두는 장대를 당간이라 했고, 이를 양쪽에서 지탱해 주는 두 돌기둥을 당간지주라고 불렀다. 현재 학계에 보고된 우리나라의 당간지주는 남한에 78점, 북한에 5점 등 총 82점이다.

당간은 대개 나무로 만들어졌기에 후대에 거의 사라졌고, 대부분 돌로 만들어진 당간지주만이 남아 지난 역사를 증명하고 있다. 당간은 드물게 철로 만드는 경우도 있었는데 공주 갑사, 보은 법주사, 안성 칠장사, 청주 용두사지 등에서 이 철당간의 유적을 확인해볼 수 있다. 예외적으로, 돌로 만든 석당간도 있는데 담양 읍내리 당간과 나주 동문 밖 당간이 여기에 해당한다.

사찰에 세우는 장대라는 뜻으로 찰간, 크고 긴 장대라는 뜻으로 장간, 부처님의 뜻을 세우는 장대라는 뜻으로 범간. 깃발을 세우는 장대라는 뜻으로 치간이라고도 불리는 당간은, 원래 불법 수호의 상징물로 조성되었으나 후대에 이르러 사찰의 위치와 경계, 그리고 종파를 표시하기 위한 표식으로 변화한 것으로 보인다. 평지에 사찰이 있던 시절에는 시각적으로 멀리서도 볼 수 있도록 당간의 높이가 높았으나, 사찰이 산지로 이동하게 되면서 당간의 높이가 낮아진 것으로 추정된다.

국보 제41호로 지정되어 있는 청주의 '용두사지 철당간'은 원래 둥근 철통 30개를 연결하여 당간을 만들었으나 현재는 20개만이 남아있다. 그런데도 불구하고 그 높이와 당당함이 주변을 압도한다. 철통 24개가 이어져 하늘 높이 솟아있는 '공주갑사 철당간'(보물 제256호) 역시 마찬가지이다.

당간지주의 크기는 곧 사찰의 규모와 비례한다고 할 수 있다. 굴산사 당간지주는 현존하는 당간지주 중 가장 규모가 큰 것이기에 당연히 굴산사의 규모도 이와 비례해 엄청났을 것으로 추정된다. 보통 당간의 크기가 지주의 서너 배를 넘기 때문에 굴산사 당간은 족히 20m, 건물로 치면 10층 높이에 달했을 것으로 짐작된다. 이 정도 높이면 사방 십리 바깥에서도 펄럭이는 깃발을 볼 수 있었을 것이니 굴산사의 위용이 어느 정도였는지 충분히 가늠케 해준다.

당간지주는 그 기본역할이 당간을 지면에 고정시키는 것이다. 따라서 무게를 잘 지탱할 수 있게 하기 위하여 지면에는 돌로 지대석을 깔고 기단을 올렸으며, 기단 위에는 양 지주 사이에서 당간을 받치는 간대(받침돌)를 따로 마련했다. 간대 상부는 둥근 홈을 마련하여 당간을 끼우고 고정할 수 있도록 했다.

현재 굴산사 당간지주는 기단 부분이 땅 속에 묻혀 있어 그 모양을 살펴볼 수 없다. 우리가 지금 볼 수 있는, 땅 위로 돌출된 부분만으로도 아래의 기단 부분은 엄청나게 큰 규모일 것이라고 쉽게 추정해볼 수 있다. 이는 현존 당간지주 중 기단석과 간대가 온전하게 남아있는 전북 김제의 금산사 당간지주(보물 제28호)를 살펴보면 확연하게 알 수 있다. 이 금산산 당간지주도 통일신라시대 때인 8세기 후반에 건립된 것으로 추정되고 있어 굴산사 당간지주의 기단 부분을 추정하는데 도움을 준다.

보통의 당간지주는, 쐐기목을 끼워 당간을 고정시키기 위해 지주의 안쪽 상단에 홈을 판 간구와 지주의 중간에 홈을 판 간공을 각각 갖추고 있는데, 굴산사 당간지주는 간구가 없고 동그란 간공만이 아래 위에 각각 하나씩 파여져 있어 전체적으로 소박하고 단순한 느낌을 준다. 큰 규모에 비해 군더더기가 없다는 느낌을 주는 것도 이 때문이다.

당간지주의 역사와 유래

현재까지 남아있는 당간지주들을 살펴볼 때, 우리나라에서 당간지주가 만들어진 것은 통일신라시대 때인 것으로 추정된다. 통일신라시대 이전에 조성된 예가 남아 있지 않기 때문이다.

통일신라시대 것으로는 안양 중초사지 당간지주(보물 제4호), 금산사 당간지주(보물 제28호), 숙수사지 당간지주(보물 제59호), 부석사 당간지주(보물 제255호) 등이 있는데 세련되고 시원한 느낌을 주는 것이 특징이다. 특히 중초사지 당간지주는 신라 826년(흥덕왕 원년) 8월 6일에 채석하여 그 이듬해인 흥덕왕 2년 2월 30일에 세웠다는 명문이 새겨져 있어 다른 당간지주의 편년을 고찰할 수 있는 기준자료가 되고 있다. 이 명문에는 조성 책임자와 참여 법사 10여 명의 이름이 열거되어 있어, 당시 당간지주 건립이 큰 불사였음을 알게 해준다.

고려시대의 당간지주는 만복사지 당간지주(보물 제32호), 춘천 근화동 당간지주(보물 제76호), 홍천 희망리 당간지주(보물 제80호), 천흥사지 당간지주(보물 제99호) 등이 대표적이다. 특히 앞에서 살펴본 청주의 '용두사지 철당간'은 철당간의 철통에 962년(고려 광종 13)에 건립했다는 기록과 참여한 사람들의 관직명이 양각되어 있어 그 가치가 높게 평가되고 있다.

조선시대에 이르러서는 억불숭유의 정책 때문에 통일신라나 고려시대처럼 거대한 규모의 당간이나 지주가 조성되지 않았다. 사찰이 평지에서 산으로 옮겨가게 된 것도 원인이 되었을 것이다.

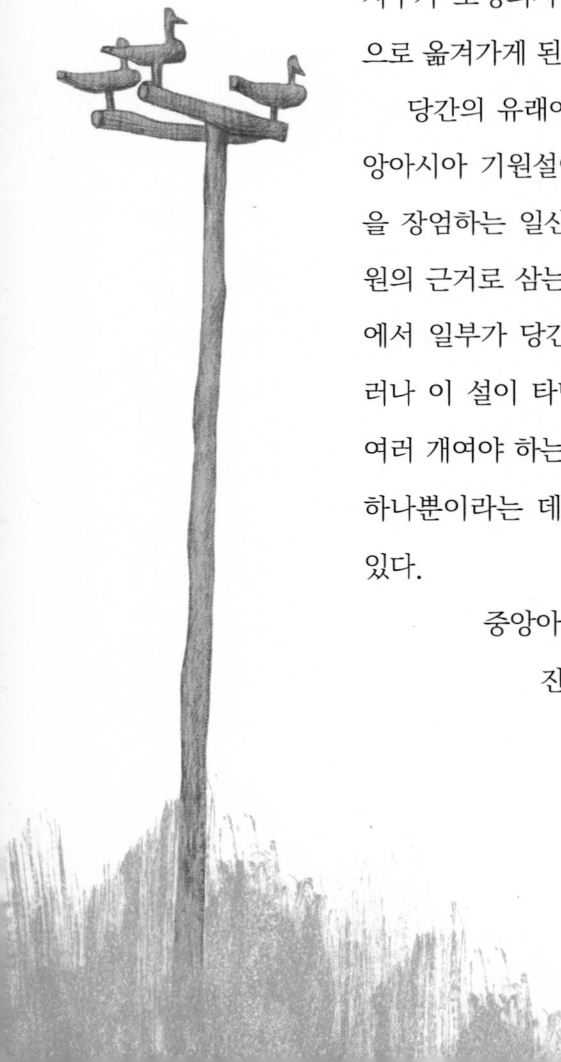

당간의 유래에 대해서는 인도 기원설과 중앙아시아 기원설이 있다. 인도 기원설은 불탑을 장엄하는 일산과 깃발 등의 장엄물들을 기원의 근거로 삼는다. 불탑을 장엄하던 깃발 중에서 일부가 당간으로 변했다는 주장이다. 그러나 이 설이 타당성을 얻기 위해서는 당간이 여러 개여야 하는데 우리나라 당간은 사찰마다 하나뿐이라는 데서 논리적 힘을 받지 못하고 있다.

중앙아시아 기원설은, 강릉지역에서 진또배기라 부르는 솟대를 근거로 삼는다. 솟대는 중앙아시아 샤먼들이 '소도'라는 신성한 지역을 표시하기 위해 세운 신장대로, 보통 신장대 위에 새를 조각하여 얹어 놓았다. 새는 하늘과 땅을 연결하는 매개자 역할을 하는 동물로, 중앙아시아 샤먼들은 이 새를 침엽수, 사슴과 더불어 중요한 상징물로 여겼다.

중앙아시아의 샤먼문화는 한반도에 큰 영향을 미쳤는데 새와 나무, 사슴뿔 등이 상징적으로 조각된 신라금관이 이를 입증해준다. 오늘날 점집들이 대나무로 신장대를 세우고 그 끝을 오색천으로 장식하는 것도 중앙아시아 샤먼문화의 전통이 오늘날까지 이어져온 것이다.

이처럼 당간문화는 우리나라에 불교가 전래되기 이전에 이미 자리 잡고 있었다. 학계에서는 불교가 전파되면서 이 솟대문화를 흡수하여 부처님이 계신 성스러운 장소를 나타내기 위해 당간을 세운 것으로 추정하고 있다. 이 같은 솟대문화에 주목하여, 당간지주를 일본의 신궁이나 신사 앞에 있는 '도리이'와 비교 고찰하기도 한다.

소도와 불교의 연관성을 알려주는 자료는 『삼국지』, 「위서」 동이전에 등장한다. 이 책의 삼한 편에는 "나라의 수도에 각 한 사람이 천신에게 제사지냄을 주제하는데, 이를 천군이라 한다. 또한 나누어진 읍이 두는데 이를 소도라 한다. 큰 나무를 세우고 방울과 북을 매달았다. 소도란 뜻은, 서역의 부도와 같은데, 그 선악을 행함에는 다름이 있다."라고 기술되어 있다. 이에 따르면, 소도는 부도, 즉 사찰과 같은 신성한 공간이었음을 알 수 있다.

이 같은 사료를 바탕으로, 신성한 구역인 소도를 나타내기 위해 세웠던 솟대가 부처님이 계신 성스러운 장소를 나타내는 당간으로 변했고, 훗날 사찰에서 삼문형식이 정립된 이후에는 일주문으로 변화한 것으로 추정하고 있다. 삼문이란, 사찰에 들어설 때 첫 관문인 일주문, 다음 관문인 금강문, 혹은 천왕문, 그리고 마지막 관문인 불이문, 혹은 해탈문을 말하는 것으로, 대찰에는 이러한 삼문 형식이 잘 갖춰져 있다.

하지만 아직도 학계에서는 소도와 솟대와의 관계, 솟대문화와 당간지주 건립과의 관련성, 그리고 당간지주가 통일신라시대에 건립되기 시작한 이유 등에 관해서 명쾌한 설명을 하지 못하고 있다. 굴산사 당간지주를 처음 보았을 때 느꼈던 것처럼, 당간지주는 여전히 신성하고 신비한 성물로 남아있는 것이다.

강릉 지역의 당간지주들

강릉에는 굴산사 당간지주 외에 보물로 지정된 대창리 당간지주(보물 82호)와 수문리 당간지주(보물 83호)가 있다.

당간지주(왼쪽은 대창리, 오른쪽은 수문리의 당간지주)

높이가 5m를 조금 넘는 대창리 당간지주는 유려한 아름다움이 돋보인다. 예쁜 큰 누나, 또는 절에서 공부 잘하는 학승의 이미지이다. 높이가 4m에 가까운 수문리 당간지주는 소박하고 견실한 느낌을 준다. 성실한 작은 형, 또는 절에서 궂은 일을 도맡아 하는 노전스님 같다. 이들과 비교하면 굴산사 당간지주는 집안을 이끌어 가는 듬직한 가장, 또는 절에서 한 문파를 이끌어 가는 조실스님 같은 이미지를 갖고 있다.

이들 세 당간지주가 하늘 높이 당간을 올리고 깃발을 휘날리면 참으로 장관을 이루었을 것이다. 시내에서 떨어진 학산에서는 마치 큰 어른처럼 굴산사의 깃발이 휘날리고, 시내에서는 대창리 당간지주와 수문리 당간지주가 우애 좋은 형제처럼 서로 깃발을 흔드는 모습은 상상만 해도 장엄하고 아름답게 느껴진다.

'건당'과 '좌우당간'

깃발을 이르는 말인 당은 세간에서는 잘 쓰이지 않고 있지만, 불교에서는 즐겨 쓰고 있다. 당이 들어간 대표적 불교용어로 '건당'이 있다. 수행이 수승한 경지에 올라 남을 지도할 수 있을 만큼 일가를 이루었다는 것을 뜻하는 말로, 스승의 법맥을 이어 받았음을 의미한다. 스승의 법맥을 이은 것을 '입실건당'이라 하고, 법맥을 이은 법상좌를 '건당상좌'라 하는 것도 여기에서 유래한다.

당간에서 유래한 말 중에 '좌우지간'과 같은 의미로 사용되는 '좌우당간'이란 말이 있다. '여하튼', '하여튼' 등의 뜻을 지닌 이 말은 중국의 당간문화에서 파생되었다는 설이 있다. 중국의 당간은 우리나라와 달리 인도의 영향을 받아 사찰경내의 금당 좌우에 쌍으로 세우는데 여기에서 이 말이 유래했다는 것이다.

강릉의 힘,
굴산사 당간지주

강릉은 불교 역사와 문화에서 독특한 자리를 차지하고 있다. 특히 신라 말에서 고려 초에 이르는 기간 동안 이 지역에서 꽃 핀 불교문화는 우리의 상상을 초월한다.

이를 주도한 범일국사는 불교사에 기록된 실존적 인물이면서 동시에 세계적으로 인정받은 민속축제의 한복판에 주신으로 좌정하는 신화적 인물이기도 하다. 세계무형유산으로 지정된 강릉단오제의 주신인 범일국사와 관련된 이야기는 우리의 상상력을 역사에서 문학으로, 문학에서 신화로 무한히 확장시킨다.

범일국사가 통일신라 말 최고의 선지식이었다는 사실은 따로 설명할 필요가 없을 것이다. 그러나 범일국사가 851년 굴산사

를 창건하고 구산선문 중 하나인 사굴산문을 개창한 것이 한국 불교사에서 어떤 의미가 있는지, 사굴산문이 한국 불교에서 어떤 위상을 차지하고 있는지 아는 이들은 드물다.

사굴산문은 단순히 선종을 표방한 아홉 개의 수행집단 중 하나라는 의미를 넘어, 현재 한국불교의 가장 큰 종파인 대한불교조계종의 근간을 이룬 산문이라는데 역사적 의의가 있다. 구산선문은 신라 말 고려 초에 형성된 여러 산문 중 대표적인 아홉 개의 산문을 지칭한다. 이러한 구산선문은 고려 후기에 이르면 보각 일연에서 태고 보우로 이어지는 가지산문과, 송광사 16국사로 이어지는 사굴산문 등 두 산문의 활동만이 두드러진다.

최근 연구에 따르면, 우리나라의 선맥의 가장 큰 줄기는 사굴산문이었던 것으로 밝혀지고 있다. 사굴산문의 활동이 고려 전기에 그친 것이 아니라, 고려시대 전반을 활발하게 주도해 보조국사 지눌의 수선사 결사가 가능할 수 있었다는 것이다. 수선사 결사는 한국 불교의 지층을 뒤흔든 일대 혁신 운동으로, 대한불교조계종의 기틀이 되었다. 이 혁신을 불러일으킨 지눌이 바로 사굴산문의 법을 이어받은 스님이었다.

범일은 경문왕, 헌강왕, 정강왕 등 세 왕으로부터 국사가 되어 주기를 권유받았으나 응하지 않고 수도와 불경 연구에만 전념했다. 연구자들 사이에서 범일을 '국사' 대신 '선사'로 불러야 한다는 주장이 꾸준히 제기되는 것도 이 같은 그의 행적 때문이다. 그가 생전에 국사가 되기를 거부했고, 그의 불교사상이 선불교의 적통을 잇고 있기 때문에 선사라는 칭호가 마땅하다는 것이다.

범일국사의 굴산사 주석과 굴산사의 융성은 지방 호족과 민중이 주체가 되는 지방화의 상징과 같았다. 그가 입적한 이후에 강릉 단오제의 주신으로 좌정하게 된 것은 이러한 지방화, 민중화의 정점을 찍은 것이라 할 수 있다.

범일의 문하에서는 개청, 행적, 신의 등 많은 제자들이 배출되었다. 영동지역에는 범일의 행적이 미치지 않은 곳이 없을 만큼 그 영향력이 대단했다. 평창의 월정사, 양양의 낙산사, 삼척의 삼화사, 강릉의 신복사 등이 모두 사굴산문의 영향력 아래 있었다. 사굴산문의 법맥은 점차 전국으로 확대되어 춘천의 거자야, 경남 울주의 석남사, 경북 봉화의 태자사 등지로 뻗어나갔고, 후대에는 삼보 사찰 중 하나인 순천 송광사의 법맥으로 확장되었다.

이러한 번창은 한국불교사에서 차지하는 범일국사와 그 법맥의 위상을 되돌아보게 만든다. 또한 반경이 300m에 이르렀고, 수행한 승려만 200여 명에 달해 쌀 씻은 물이 동해까지 흘러갔다는 굴산사의 규모와 융성을 짐작케 해준다.

한마디로 범일국사와 굴산사는 '강릉의 힘'이자 자존심이다. 강릉의 역사에서 한 시대를 정신적, 문화적으로 주도한 때를 꼽으라면 범일국사가 굴산사에 주석했던 바로 이 시기라고 할 수 있다.

당시 당나라로 입당구법의 길을 떠났던 유학승들은 당대 최고의 지식인들이었고, 이들이 당에 머물며 체득한 문화는 오늘날로 얘기하면 최첨단문화였다. 여기에 더하여 이들이 공부한 선불교는 기존의 사상에서 한발 더 나간 가장 진보적인 정신문화였다. 경주를 중심으로 기존의 정신과 문화에 뒤질 것이 없다고 생각했기에 멀리 떨어진 강릉에 자리를 잡고 있어도 전혀 꿀림이 없었을 것이다. 오히려 독자적인 문화를 꽃 피우며 사상과 문화를 주도해나갈 수 있었다.

나는 지난 2014년 '범일국사 문화축전'을 앞두고 범일국사 추모시를 의뢰받았을 때는 이러한 마음을 담아 아래와 같은 시를 썼다.

오늘도 굴산사 당간지주 위를 날아가는
한 마리 학이 있으니
바로 사굴산문의 종조이신 범일국사이시다

국사께서는 이곳 학산에서 태어나시었고
학의 도움으로 생명을 구하셨으며
목숨을 건 입당구법의 길 위에서도
국사의 정수리 위에는 늘 한 마리 학이 날고 있었으니

국사께서 다시 학산으로 돌아와

굴산사에 주석하시면서 일세의 선풍을 일으킨 것은
마침내 학이 제 둥지를 찾아와 크나큰 날개를 펼친 것이라

국사의 종지는 맑은 바람을 타고 멀리 퍼져나가고
일대의 선지식들은 불꽃같이 법맥을 이어나갔으니
한 점 기교도 없이 너무도 당당한 당간지주가
오늘도 하늘 높이 두 손을 들어
여기가 천하의 선불장임을 증명하는구나

저 막돌에 배인 땀방울과
저 막돌에 스민 지극함과
저 막돌에 새겨진 맑은 정신이
강릉의 얼굴이자, 하슬라의 산 역사이니

살아서는 국사요,
죽어서는 강릉 단오의 주신이 된
범일국사의 혼에서 비롯된 것이라

오늘도 한 마리 백학이
크나큰 날개를 펼치고 굴산사 당간지주 위를 날아가네

– 졸시, 〈굴산사 당간지주 위를 날아가는 한 마리 학이 되어
– 범일국사를 기리며〉

굴산사 당간지주는 한마디로 강릉의 힘과 자존심이 하나의 거대한 예술작품으로 승화한 것이라 할 수 있다.

08

범일국사와 로보트 태권브이

조해진(가톨릭관동대학교 미디어창작학과 교수)

세계의 신화들이 비슷한 이유

사람들이 사는 곳이면 어디나 신화적 이야기가 존재한다. 뉴욕에도 있고 런던에도 있고 아프리카 우간다에도 있다. 물론 우리나라에도 있고 강릉에도 다양한 신화적 이야기가 전해 내려오고 있다. 이런 이야기들은 신화, 전설, 옛날이야기, 때론 동화라는 이름으로 불린다. 세대를 걸쳐 내려오면서 이 이야기들은 여러 사람들에 의해 끊임없이 살이 붙었다 떼어졌다를 반복하면서 수정되어 왔다.

재미있는 사실은 동양과 서양을 막론하고 지구촌 어느 곳에서나 비슷한 내용의 이야기들이 발견된다는 것이다. 기후와 생활여건과 문화와 종족이 다름에도 불구하고 비슷한 이야기들이 존재한다는 건 꽤나 흥미로운 일이다. 동서양을 막론하고 알에서 태어난 사람이 나라를 건국한 이야기가 많고 하늘의 해와 달도 사람의 또 다른 모습이라는 이야기는 세계 곳곳에서 전해 내려온다. 우리나라에선 오누이가 호랑이에게 쫓기면서 동아줄을

타고 올라가다 떨어져 해와 달이 된 이야기가 전해지고 있고 미국의 인디언인 체로키족에겐 태양은 태양할멈이었고 달은 그녀의 동생이었다.

이러한 현상에 대해 저명한 신화학자인 조셉 캠벨은 '지구촌 구석구석에서 발견되는 옛 이야기들은 다른 옷을 입은 하나의 얼굴'이라고 말했다. 그렇다면 여기서 궁금증이 생기지 않을 수 없다. 기후 조건이 다르고 생활환경이 전혀 다르고 생김새도 다른 인간들에게 왜 이렇게 공통적인 이야기들이 존재하는 것일까? 칼 구스타프 융은 '집단무의식'이란 말로 그걸 설명한다.

집단무의식이란 한 무리의 사회구성원이 공통적으로 내재하고 있는 무의식을 말한다. 다시 말해 특별히 교육받거나 전수받지 않아도 구성원들 간에 공유된 무언가가 있다는 것이다. 무의식은 의식에 비해 지극히 자연발생적이고 원초적이다. 어떨 땐 부질없는 허상이나 꿈으로 여겨지기도 하고 어떨 땐 인간적인 감성으로 해석되기도 한다. 어쨌든 무의식은 우리 모두에게 가장 깊은 곳에 내재된 심리상태이자 내면세계다. 이러한 집단무의식의 가장 큰 범위는 인간이라는 범주일 것이다.

범일국사에 관한 글에서 어째서 정신분석학적 용어인 '집단무의식'이라는 거창하고 전문적인 용어까지 들먹이는가 하고 의아해 할지도 모르겠다. 그 이유는 일단 범일국사라는 한 인물과 그 인물과 관련한 이야기를 널리 알리기 위함이라고 해두고 독자들께선 정말 그런지, 왜 그런지 궁금증을 갖고 이 글을 읽어

나갔으면 한다.

인간의 집단무의식에서 대표적인 것 중의 하나가 제사를 지내는 일이다. 신에게든 동물에게든 자연에게든 인간은 태초부터 제사를 지냈고 지금도 지내고 있다. 인간들은 제사를 지내는 행위를 통해 불안에서 벗어나고자 했고 실제로 많은 옛날이야기들이 제사와 관련이 있다. 우리가 잘 아는 단군신화에도 하늘의 신에게 제사를 지내는 장면이 나오고 구약성경의 모세는 시시때때로 하나님께 제사를 올렸다.

이런 제사의 모습은 신화와 매우 닮아있다. 제사와 신화의 주요기능은 인간을 현재의 삶에 머무르는 것을 경고하고 인간에게 끊임없는 환상을 제공하여 인간의 정신세계를 계속해서 향상시키는 것이다. 이런 과정에서 때론 악을 정화하여 선을 만들고 개인에게서 벗어나 집단으로 가치기준을 옮겨놓는다.

다시 말해 인간을 착하고 바람직한 방향으로 이끄는 역할을 한다는 것이다. 이런 이유로 대부분의 신화는 인간에게 경고하고 인간에게 권유하며 인간에게 희망을 얘기한다. 여기서 발견할 수 있는 재미있는 사실은 신화의 내용전개가 인간이 신에게 드리는 제사의 내용은 물론 제의의 절차와도 매우 닮아 있다는 사실이다. 더 재미있는 것은 인간의 삶 자체가 제의의 연속이라는 것이다.

인간은 태어나서 죽을 때까지 몇 차례 통과제의를 거친다. 출생, 명명, 성인, 결혼, 장례다. 이런 각 단계를 거치면서 성장하고 삶을 마무리한다. 이 과정은 신화의 구조와 너무나 닮아 있다. 이런 이유로 신화가 인간의 삶을 모방했다는 말이 지나치지 않는 것이다. 통과제의는 변형의 문턱이라고 표현할 수도 있는데 이러한 각 단계에서 인간은 갈등하고 좌절하고 고민하고 번뇌한다. 이런 번뇌는 인간을 성장시키고 이를 지켜보는 이들에겐 흥미진진한 관심을 불러일으킨다. 이는 비단 원시시대에서 뿐만 아니라 첨단문명으로 무장한 현대사회에서도 잘 들어맞는 인간의 삶의 모습이다. 신화는 이런 배경으로 탄생했다. 그리고 대부분의 옛날이야기들은 신화의 원형적 모습을 닮고 있다.

이런 점에서 볼 때 지금까지 전해져 내려오는 범일국사의 삶 역시 신화적 요소인 환상성과 함께 갈등과 번뇌와 통과제의로 가득하다. 비범한 탄생설화에서부터 중국에서의 숱한 역경담과 굴산사에서의 수도생활과 포교생활 그리고 낙산사 재건의 신비한 이야기와 왕의 수차례 국사제의를 거절하고 끝내 정신적인 지도자로 남은 채 입적한 범일의 삶은 신화가 되기에 충분하다. 그럼 지금부터 범일국사라는 신화의 스토리를 따라가 보자.

영웅들은 모두 긴 여행을 떠난다

신화의 다른 말은 영웅의 여행기다. 영웅은 스스로의 힘으로 자기극복의 기술을 완성한 인간이다. 어려움을 헤치고 파국으로 치달은 현실을 이전의 평온의 상태로 되돌리는 존재다. 하지만 여기서 말하고 있는 영웅은 할리우드영화에 나오는 수퍼히어로를 말하는 것은 아니다. 여기서의 영웅은 보편적 인간들을 대리하고 보통 인간들의 모험을 대신 행하는 캐릭터다. 다시 말해 극을 이끌어가는 주인공이다. 소설에서의 프로타고니스트이고 연극에서의 주연이다.

영웅의 여행은 인간 심연의 가장 깊은 곳에서부터 영원히 용솟음치는 도저히 믿기 어려운 정도로 요지부동한 요소들의 집합체다. 그것은 여러 문화권에서 지엽적인 것은 다를 수 있어도 근본에서는 동일하다. 영웅의 여행을 모형으로 삼아 구축된 스토리는 그러나 스토리가 인류가 공유하는 무의식에 내재하는 보편적 연원에서 스며 나와 보편적인 문제를 표현하는 까닭에 모든 사람들의 공감을 이끌어낼 수 있는 마력을 가지고 있다.

훌륭한 스토리는 영웅을 어느 한 존재 방식에서 다른 것으로, 즉 절망에서 희망으로, 약점을 강점으로, 우둔함을 지혜로움으로, 사랑을 미움으로 그리고 반대의 경우로도 여행하게 함으로써, 영웅을 성장하게 하고 변화시킨다. 관객을 사로잡고 스토리를 볼만하게 만드는 것은 이러한 감정의 여행이다. 시나리오는 이런 감정의 여행을 꾸며내는 것이다.

이런 영웅이 세상에서 해야 할 일은 적대자에 의해 깨어진 평화를 되찾는 일이다. 하지만 그 과정은 순탄치 않다. 평화의 재건이라는 모험의 소명을 부여받고 난관을 헤치며 나아가는 그의 모습은 통과제의를 거쳐 삶을 마감하는 인간의 삶과 매우 닮아있다. 크리스토퍼 보글러는 신화학자 조셉 캠벨의 '신화의 힘'에 영향을 받아 이런 영웅의 모습을 12단계로 구분했는데 영웅여행의 12단계가 바로 그것이다.

크리스토퍼 보글러의 '영웅여행의 12단계'

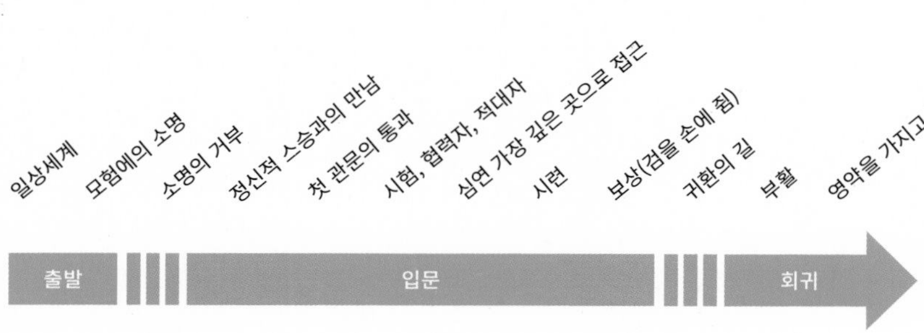

보글러의 12단계이론은 할리우드영화의 해석과 창작에 큰 영향을 끼쳤는데 지금부터 그가 제시한 영웅의 여행의 모형에 범일국사의 이야기를 대입시켜 보자. 이 일은 범일국사 신화창조의 첫걸음이다.

1) 일상세계

대부분의 스토리는 영웅을 새로울 것이라고는 없는 일상 세계로부터 새롭고 낯선 미지의 특별한 세계로 데려다 놓는다. 다시 말하면 일상세계에서 벗어나는 것을 영웅 여행의 시작으로 본다는 것이다. 그렇다면 일상세계는 어떤 세계인가? 그것을 규정하고 설명하는 것으로부터 모든 스토리는 시작된다.

일상세계를 설명하는 일은 대단히 중요하다. 미지의 세계로 떠나는 출발점이자 미지의 세계와 대립되는 세상이기 때문에 그렇다. 여기서 말하는 미지의 세계는 공간적인 개념만을 뜻하지는 않는다. 일상세계의 질서가 무너진 세계도 미지의 세계라 할 수 있는 것이다. 영웅은 반드시 일상세계를 이탈해야만 그의 영웅적 행위가 부각된다.

그렇다면 범일국사의 일상세계는 어떻게 그려져야 하나? 우선 비범한 탄생스토리부터 시작되어야 하겠다. 범일국사의 탄생설화는 두 가지 이야기가 전해지는데 하나는 범일의 어머니가 해가 깃든 물을 마신 뒤 범일을 낳았다는 이야기고 또 하나는 범일의 어머니가 처녀의 몸으로 범일을 잉태해 낳았다는 이야기다. 범일국사 이야기의 시작은 이런 판타스틱한 사건으로부터 시작한다.

2) 모험에의 소명

영웅은 어떤 문제로 골머리를 앓게 되고, 이에 도전하거나 모험을 시작해야 하는 것으로 제시된다. 모험에의 소명을 제시받은 영웅은 이제 더 이상 일상 세계의 안락함에 무한정 머물 수 없다. 다시 말해 본격적으로 여행을 떠나는 것이다. 그것도 특별한 목적을 갖고서. 하지만 이 단계에서 영웅이 본격적으로 이야기의 본질인 사건을 벌이거나 사건에 연루되는 것은 아니다. 단지 여행을 위한 첫 걸음을 떼어놓을 뿐이다.

범일국사의 일대기에서 범일이 찾고자 했던 소명은 무엇일까? 아마도 진리를 깨치고 세상사람에게 널리 이로운 불법을 전하는 일일 것이다. 그렇게 본다면 범일의 소명은 '성불을 향한 정진'이라 할 수 있다. 범일은 성불을 향해 세상으로 나아간다.

3) 소명의 거부

대부분의 스토리에서 영웅은 자신에게 주어진 소명을 쉽게 인정하거나 받아들이지는 않는다. 예수조차도 성경에서 "나에게 주어진 잔을……."이라고 말하지 않았는가. 우리 스토리의 영웅들이라고 별반 다르지 않다. 영웅은 언제나 주어진 소명을 거부하거나 주저한다.

영웅이 이러한 두려움의 전환점을 극복하기 위해서는 환경의 변화, 사물의 본원적 질서에 대한 한 발 더 나아간 공격, 정신적 스승의 격려 등의 또 다른 자극이 필요하다.

로맨틱 코미디에서, 영웅은 상대방과 엮여지는 게 꺼림칙할 수 있다. 탐정 스토리에서 사설탐정은 그것을 담당하지 않는 것이 상책이라는 내면의 소리에 처음에는 그 사건을 맡으려 하지 않다가 나중에서야 떠안게 된다. 이런 식으로 영웅은 자기에게 맡겨진 소명을 거부하려는 행동을 보인다.

불교에 귀의하기로 결심한 범일은 선학불교를 접하고 갈등했다. 당나라로 가기 전 범일의 행적은 자세히 밝혀진 바가 없다. 의상대사의 문인으로 수행했다는 주장도 있지만 삼국유사에는 그것이 사실이 아니라고 정확히 밝히고 있다. 자장계의 화엄과 의상계의 화엄사상, 문수신앙을 선사상에 수용하면서 수행한 것으로 보는 견해도 있지만 이 또한 추론일 뿐이다. 때문에 소명의 거부는 이렇듯 다양한 행적으로 추정되는 범일의 번뇌와 고민으로 설정할 수 있겠다.

4) 정신적 스승과의 만남

영웅과 정신적 스승의 관계는 신화학의 가장 보편적인 테마 중 하나인 동시에 가장 풍부한 상징적 가치를 지닌 것 중 하나이다. 그것은 부모와 자식, 스승과 제자, 의사와 환자, 신과 인간 사이의 뗄려야 뗄 수 없는 관계를 표상한다

영웅은 혼자서 모든 것은 해결해내는 신이 아니다. 인간의 대변자로서 영웅은 우리가 가진 약점을 그대로 안고 있다. 이는 영웅을 보다 잘 이해하고 동감하는 계기가 된다. 영웅은 우리와 멀리 떨어진 존재가 아닌 우리 바로 곁에 있는 존재라는 사실은 우리에게 안도감과 편안함을 제공한다. 때문에 영웅은 어떤 면에서 아주 나약한 존재이기도 하다. 이런 나약한 영웅은 언제나 조력자를 필요로 한다. 그런 조력자들의 대표 존재가 바로 정신적 스승인 지혜로운 노인이다. 정신적 스승의 기능은 영웅으로 하여금 미지의 것에 대면하도록 예비하게 하는데 있다. 정신적 스승은 조언을 해 줄 수도 안내를 할 수도 또는 신비로운 도구를 내려 줄 수도 있다.

범일의 정진에 큰 영향을 끼친 사람은 뭐니뭐니해도 제안대사일 것이다. 범일이 제안대사에게 물었다.

"어떻게 해야 성불할 수 있습니까?"

"도는 닦을 필요가 없으니 그저 더럽히지 말라. 부처다, 보살이다 하는 견해를 짓지 말라. 평상의 마음이 도이니라"

'평상심이 도'라는 말에 범일은 크게 깨달은 바가 있어 6년간 제안대사의 밑에서 수도했다. 그 후에도 여러 고승을 만났지만 당나라에서 만난 제안대사야말로 범일에게 가장 큰 영향을

끼친 스승이라 할 수 있다.

5) 첫 관문의 통과

영웅은 모험에의 소명에서 부여된 문제 내지 도전에서 발생할 결과를 회피하지 않겠노라 합의한다. 바로 이 순간이 스토리가 이륙하여 모험이 진정으로 진행되는 기점이다. 이제 본격적인 영웅의 여행은 목표를 향해 달려가기 시작한다. 로맨스가 시작되고 공포는 점차 그 강도를 더해가고 액션은 보다 현란해진다. 소림사에서 무공을 쌓은 영웅이 본격적으로 강호에 진입하여 어지러운 중원의 세계에 진입하는 것이다.

중국으로 수도생활의 외연을 넓힌 범일은 중국 각지를 다니며 수도했다. 고국을 떠나 이국땅에서의 수도생활은 그 자체로 첫 관문이라 하겠다.

6) 시험, 협력자, 적대자

첫 관문을 통과하게 되면 영웅은 자연스레 새로운 도전과 시험에 들게 되고, 협력자와 적대자를 만들게 되며, 특별한 세계의 규칙을 배우기 시작한다.

새로운 세상에서 새로운 사람들과 만나게 되는 영웅은 여러 사람들 가운데 협력자와 조력자를 만나게 되는데 이는 대개 극의 종말에 이르기까지 함께 하게 된다.

서부영화의 경우엔 술집 혹은 바가 그들을 만나게 하는 주요 무대가 된다. 셀 수도 없을 만큼 많은 서부극이 영웅을 술집으로 데려가, 그곳에서 영웅의 남성다움과 결의를 시험받게 하고, 동료와 악당이 소개된다. 바는 영웅이 정보를 입수하고, 그 특별한 세계를 움직이는 새로운 규칙을 습득하는데 필요하기도 하다.

중국 각지를 다니며 수도생활을 하던 범일에게 위기가 닥쳤다. 844년 7월 당나라 무종이 칙령으로 승려를 박해하고 사찰을 철거하며 본격적으로 불교를 탄압했다. 이로 인해 범일의 유학생활은 도피와 피신으로 험난을 겪었다. 상산으로 피신하여 몸을 숨겼지만 죽을 고비를 여러번 넘겼는데 그 중에서 산짐승의 도움으로 겨우 목숨을 건진 일화는 유명하다. 그리고 결국 육조 혜능조사의 탑에 참배를 계기로 불도정진에 있어서 새로운 전환을 마련하게 되었다.

7) 동굴 가장 깊은 곳으로의 진입

영웅이 가장 상대하기 힘겨운 적의 수뇌부가 있는 곳, 특별한 세계에서 가장 위험한 곳인 동굴 가장 깊은 곳이다. 영웅이 그와 같은 두려운 장소로 진입하게 되면, 두 번째 주요 관문을 건너게 될 것이다. 영웅은 자주 그 문 앞에서 멈추어 서서 필요한 것을 준비하고 계획을 세우고 악한의 수호자들을 속여 넘기려 한다. 이것이 접근국면이다.

이제 영웅은 되돌아 나올 수 있는 방법이 없다. 여행을 끝마치기 위해서는 동굴의 가장 깊은 곳으로 무조건 들어가야 하는 것이다. 신화에서 동굴 가장 깊은 곳은 죽음의 땅을 표상할 수 있다. 영웅은 사랑하는 자를 구출해 내기 위해 지옥에까지 가야 하고, 용과 싸워 이겨 보물을 가져오기 위해 동굴 속으로 들어가야 하며, 괴물과 대적하기 위해 미로속으로 내려가야만 한다.

신라로 돌아온 범일은 본격적으로 포교활동을 시작했다. 그리고 강릉지역으로 와 굴산사 주지로 부임했다. 포교활동에 있어서 백성이 살아가는 일상생활의 터전은 바로 그가 추구했던 소명이 펼쳐지는 공간이라 할 수 있다. 범일은 수십 년 간의 수행을 거쳐 드디어 백성들의 삶의 한 가운데로 진입했다.

8) 시련

영웅이 가장 두려워하는 것을 피하지 않고 바로 대면할 때, 영웅의 운명은 어려운 처지에 빠진다. 영웅은 죽을 위험에 처하기도 하고 적대 세력과의 전투에서 절대절명의 위기에 이르기도 한다. 시련은 관객에게 '희망이 검게 채색되어 버린 순간'이다. 즉 영웅이 죽고 말지 아니면 살게 될지 전혀 모르는 관객은 서스펜스와 긴장감으로 휩싸이게 된다. 요나처럼 영웅은 '야수의 배 속'에 있게 된다.

시련이 없이는 기쁨도 없다. 영웅의 시련이 깊을수록 그가 극복한 시련은 큰 기쁨과 즐거움으로 다가온다. 우리는 '영웅이 죽을리 없다'는 사실을 분명히 알고 있다. 그럼에도 불구하고 영웅에게 닥쳐온 시련을 손에 땀을 쥐고, 숨을 죽이고 지켜보게 된다. 이런 시련이야말로 극적 긴장감을 고조시키는 최고의 장치라고 할 수 있다.

이 시련의 순간은 여느 스토리에서도 매우 중요하다. 시련에서 영웅은 마치 재생할 수 있도록 하기 위함인 듯이, 죽거나 죽은 것처럼 보인다. 그것은 영웅적인 신화에 신비로움을 부여하는 주요 원천이다. 이전 단계에서의 체험은 관객인 우리를 영웅과 영웅의 운명을 동일시 하게 한다. 영웅에게 일어난 일이 우리에게도 발생한다. 우리는 영웅과 더불어 죽음의 선상을 체험하도록 내몰린다. 우리의 감정은 일시적으로 축 가라앉게 된다. 영웅이 죽음에서 다시 살아나오게 될 때 그렇게 가라앉는 감정도 되살아난다. 이와 같은 부활의 결과는 희열과 고양된 행복감이다. 모든 스토리에는 영웅이나 영웅의 목표가 목숨을 건 위험에 이르는 생사의 순간과 같은 것이 필요하다.

범일의 삶에서 가장 갈등이 보이는 시기가 바로 이 부분이다. 당시 신라는 선학불교와 교학불교가 극심하게 대립하던 시기였다. 범일은 이 갈등을 직접적으로 해결하려는 의지는 없었던 것으로 보인다. 그것을 확인할 수 있는 사실이 바로 범일이 왕실로부터 국사의 청을 거절하였던 일이다. 국사라 함은 왕조국가에서 어쩌면 가장 영향력을 행사할 수 있는 종교집단의 우두머리다. 그런 권력을 두번이나 거절하고 지금의 강릉인 명주에 있는 굴산사에서 수행하며 포교활동을 했던 것은 어쩌면 범일의 캐릭터를 잘 드러내는 사건이라 하겠다.

9) 보상

죽음에서 되살아나, 용을 물리치거나 혹은 미노타우로스를 도륙함으로써, 영웅과 관객은 기쁨에 한껏 취할 수 있다. 이제 영웅은 보상으로, 그가 찾아 헤매던 보물을 획득하게 된다. 그것은 마법의 검처럼 특별한 무기일 수도 있고 성배와 같은 일종의 표상물일 수도 있고 저주받은 대지를 회복시킬 수 있는 영약일 수도 있다.

시련 뒤에 오는 기쁨 중 하나는 무언가를 얻는다는 것이다. 살아남았다는 것만으로는 부족하다. 무언가를 보상 받아야 한다. 그게 검, 무기, 성배처럼 물질일 수도 있고 어떤 땐 명예일 수도, 사랑일수도 있다. 영웅은 또한 시련을 극복하고 살아남게 됨으로써 더욱 매력적인 인물이 될 수도 있다. 자신이 속한 공동체를 대신해 지극한 험로를 택함으로써 영웅이란 칭호를 획득하게 된다.

백성들과 함께 한 그의 삶에서 뚜렷이 드러나는 보상은 낙산사와 삼화사를 중건한 일일 것이다. 낙산사와 삼화사의 중건으로 백성들은 정신적으로 그리고 이 절들의 중건으로 많은 문도들을 배출해 내었다는 것 또한 큰 성과라 할 수 있다.

10) 귀환의 길

영웅은 숲속에서 아직 벗어나지 못했다. 영웅이 시련속에서 어둠의 세력과 대결한 결과를 다루기 시작함으로써 이제 우리는 제 3막을 향해 건너가고 있다. 만일 영웅이 아직도 부모와 신, 적대 세력과 화해를 이루는데 성공하지 못한 상태라면, 그 세력들은 성내며 영웅을 난폭하게 쫒아 올 것이다. 이와 같은 추격 씬 중 훌륭한 장면들이 이 지점에서 돋아 나오는데 귀환의 길의 항해에 오른 영웅을 복수심에 불탄 세력이 쫒아와 영웅이 검, 영약, 혹은 보물을 획득하는 것을 방해하게 된다. 이 단계는 일상 세계로의 귀환을 결심하는 것을 표시한다. 영웅은 특별한 세계가 위험과 유혹과 시험을 가득히 담은 채 영원히 남겨져 있어야 한다는 사실을 깨닫는다.

범일은 생애 마지막을 굴산사 주지로 지내면서 명주지역의 정신적 지도자로 추앙받았다. 그리고 임종시에는 이런 말을 남겼다.

“세속의 부질없는 정분으로 어지러이 상심하지 말라. 오로지 스스로의 마음을 지켜 큰 뜻을 깨뜨리지 말라”

그의 삶의 가치와 소명을 잘 드러내는 한마디가 아닐 수 없다.

11) 부활

고대에서는 사냥하는 자와 전사는 그들의 손에 피를 한 가득 묻혔으므로, 그들의 공동체로 되돌아 가기 전에 정화되어야 한다고 여겼다. 죽음의 영역에 있었던 영웅은 생명이 있는 일상세계로 귀환하기 전에, 죽음과 부활의 최후의 시련에서 티끌만큼의 더러움도 모두 씻어 내고 다시 태어나야 한다. 영웅은 이러한 죽음-재생의 순간을 겪음으로써 인격적으로 완전히 변모한다. 그리하여 새로운 통찰을 지닌 새로운 존재로 거듭남으로써 일상 세계의 생활로 되돌아 갈 수 있게 된다.

범일은 입적 후 성황지신과 대성황사에 봉안되었다. 그리고 후일에 12신위 중 한 분으로 범일국사지신으로 봉안되었다.

12) 영약을 가지고 귀환

영웅은 일상 세계로 귀환한다. 하지만 영웅의 여행은 영웅이 특별한 세계에서 일종의 영약, 보물 혹은 교훈을 습득해 가지고 돌아올 때에만 의미를 획득한다.

이제 영웅의 여행은 드디어 대장정을 마쳤다. 숨가쁜 여정 동안 영웅은 잃은 것도 있고 얻은 것도 있다. 잃은 것은 소소하지만 얻은 것은 창대하다. 이것이 영웅 여행의 목적이자 결과이다. 영웅의 여행은 여행을 할 만한 가치가 분명히 있어야 한다. 모든 영웅의 여행은 이 원칙을 반드시 지켜야만 하다.

범일은 후일 대관령국사성황으로 봉안되면서 고려시대와 조선시대에도 그의 영험이 미쳤다. 『임영지』 전권2에 의하면 "왕순식이 고려 태조를 따라 남쪽을 정벌할 때 꿈에 스님과 속세의 두 신이 군사를 거느리고 와서 구원해 주었다. 꿈에서 깨어나 싸워 이기매 대관령에서 제사를 지냈는데 이것이 지금까지 이어져 오고 있다" 고 전하고 있다. 그리고 아키바다카시가 1930년대에 쓴 '강릉단오제'란 책에서 범일국사의 영험담을 전하고 있는데 여기에서는 "범일국사는 강릉 진복리에 살았는데 때마침 임진왜란이 일어났다. 국사가 대관령에 올라가서 기도를 하니, 산하초목이 모두 군대의 모습으로 보였으므로 일본군이 감히 공격하지 못하고 달아나 버렸다"고 적고 있다.

영웅의 여행은 개별 스토리의 세부적인 차이와 색다른 사건으로 더해지고 조정되어야 하는 뼈대와 같은 프레임워크에 해당된다. 그 구조는 구조 자체로서 주목되어서는 안되고 지나치게 그 구조를 준수하려 해서도 안된다. 여기에서 제시한 제 단계의 순서도 가능한 다양한 변주 중의 하나일 뿐이다.

신화의 패턴은 단순하기 그지 없는 만화책의 스토리에서부터 아주 복잡하고 세련된 드라마에 이르기까지 활용될 수 있다. 이 패턴을 활용해서 가공하고 변형해서 더욱더 새롭고 흥미로운 여행을 만들어 내는 것은 창작자들의 몫이다. 이런 관점에서 살펴본 범일국사의 생애를 '영웅여행의 12단계'에 맞춰 간추려 보면 다음의 표와 같다.

범일국사 일생의 12단계

단계	영웅의 여행	범일국사의 일대기 중 신화적 모티프
1	일상세계	• 탄생신화 –해를 어루만지는 상서러운 꿈(기자예몽) –처녀잉태 설화
2	모험의 소명	성불을 향한 마음
3	소명의 거부	교학불교에서 선학불교로
4	정신적 스승과의 만남	• 제안대사 "도는 닦는 것이 아니요, 단지 더럽히지만 말 것이며, 부처라든지 보살이라든지 하는 소견을 가지지 말 것이니, 평상시의 마음이 바로 도이다"

단계	영웅의 여행	범일국사의 일대기 중 신화적 모티프
5	첫 관문의 통과	중국 각지에서 수도
6	시험, 협력자, 적대자	• 불교탄압을 피해 상산에 피신 • 산짐승의 도움으로 겨우 목숨을 건짐 • 육조 혜능의 탑에 참배
7	동굴 가장 깊은 곳으로의 진입	• 귀국 • 굴산사 주지로 부임
8	시련	• 선학불교와 교학불교의 대립 • 국사의 청을 거절함
9	보상	• 낙산사 중건 • 삼화사 중건
10	귀환의 길	• 명주지역의 정신적 지도자로 "세속의 부질없는 정분으로 어지러이 상심하지 말라. 오로지 스스로의 마음을 지켜 큰 뜻을 깨뜨리지 말라" (임종시)
11	부활	• 성황지신으로 봉안 • 대성황사에 봉안 • 범일국사지신(12신위)
12	영약을 가지고 귀환	• 대관령 국사성황(범일국사)으로 봉안 • 왕순식이 고려 태조를 따라 남쪽을 정벌할 때 꿈에 스님과 속세의 두 신이 군사를 거느리고 와서 구원해 주었다. 꿈에서 깨어나 싸워 이기매 대관령에서 제사를 지냈는데 이것이 지금가지 이어져 오고 있다.(『임영지』 전권2) • 범일국사는 강릉 진복리에 살았는데 때마침 임진왜란이 일어났다. 국사가 대관령에 올라가서 기도를 하니, 산하초목이 모두 군대의 모습으로 보였으므로 일본군이 감히 공격하지 못하고 달아나 버렸다.(아키바다카시, 『강릉단오제』, 1930)

스토리텔링으로 보는 범일 이야기

조선왕조실록 중 정조편을 보면 정조 14년(1970) 8월 10일 자로 기록된 일화에 다음과 같은 내용이 기록되어 있다.

“종로거리 연초가게에서 짤막한 야사를 듣다가 영웅이 뜻을 이루지 못한 대목에 이르러 책 읽는 사람을 쳐 그 자리에서 죽게 했다”

얼핏 봐선 무슨 내용인지 잘 모를 수 있을 정도로 생경한 이야기다. 책 읽는 사람을 죽이다니, 이게 무슨 말인가? 여기서 책 읽는 사람이란 책을 읽어주는 일을 전문으로 하며 그것을 생계로 살아가는 ‘전기수’를 말한다. 이 전기수가 얼마나 이야기를 실감나게 했던지 그 이야기를 듣고 있던 사람 중 하나가 이야기에 몰입되어서 자신이 동경하던 영웅이 죽자 분을 이기지 못해 이야기하던 전기수를 살해했던 것이다. 한마디로 ‘죽이게’ 이야기를 잘 했던 것이다. 바로 이게 스토리텔링이다. 스토리텔링이란 ‘무엇’을 이야기할 것인가 보단 ‘어떻게’ 이야기 할 것인가에

무게를 두는 커뮤니케이션 방식이자 전략이다.

스토리텔링이라는 영어를 우리말로 풀어쓰면 '이야기하기'이다. 영국인에게 물어봐도 미국인에게 물어봐도 그 이상의 의미를 찾긴 힘들 것이다. 하지만 스토리텔링이 한국에서는 아주 많은 의미를 지닌 단어로 쓰인다. 특히 문화콘텐츠를 이야기할 땐 더욱 그렇다. 그럼에도 불구하고 스토리텔링이 모두에게 완

벽하게 공유된 개념으로 사용되진 않고 있다. 정확한 의미가 규정되어 사용되고 있는 것이 아니라는 말이다.

누군가는 스토리텔링을 '디지털 미디어에 한해 한정적으로 사용'하기도 하고 또 다른 이는 '게임과 같은 상호작용이 필요한 서사를 얘기할 때 필요한 용어'라고 정의하기도 한다. 사실 스토리텔링이라는 용어가 문화콘텐츠계를 중심으로 보편적으로 사용되기 시작한 것은 게임의 서사를 설명하기 위해 사용한 것이 맞다. 그리고 이 개념은 미국에서부터 시작되었다. 때문에 '디지털 스토리텔링' 혹은 '게임 스토리텔링'이라는 용어가 사용되면서 확산된 스토리텔링은 점차 그 영역을 넓혀가 이제는 문화콘텐츠 전반에 걸쳐 사용되고 있고 나아가 현대사회를 지칭하는 아주 넓은 의미로 사용되고 있기도 하다. 하지만 여전히 그 단어에 대한 명확한 의미설정과 범주설정은 이루어지지 않고 있다.

단도직입적으로 말하면 "스토리텔링이란 사건의 원형질인 '이야기(스토리)'와 그 이야기를 전달하고 표현하는 방식을 아우르는 '담화' 그리고 그 이야기와 담화를 보다 많은 대중들에게 효과적으로 어필하고자 하는 '전략'으로 구성된 이야기방식"이다. '이야기하기'라는 현재성과 상호성을 강조한 영어식의 직접적 의미가 아니라 고도의 기술과 전략을 담은 방법론의 범주에 속하는 개념이다.

앞에서 말한 조선왕조실록으로 다시 돌아가 보자. 이야기와 현실을 구분하지 못한 우매한 백성의 잘못에 포커스가 맞춰진 기록이지만 전기수에게 초점을 맞춰 보면 그야말로 둘도 없는 이야기 전달자라 생각된다. 그가 요즘 시대에 살았더라면 분명 베스트셀러 작가가 되었을 성 싶다. 종합해서 말하자면 문화콘텐츠화 되지 못할 스토리는 없고 문제는 그 스토리를 어떻게 가공해서 효과적으로 전달하느냐 하는 것이 스토리텔링이다.

범일국사 이야기를 하면서 이렇게 스토리텔링에 대해 장황하게 늘어놓은 이유가 바로 여기에 있다. 범일국사에 관해 전해져 내려오는 이야기는 비교적 풍부하다. 출생, 제안대사와의 선문답, 중국에서의 정진수행, 국사제안의 거절, 굴산사와 낙산사와 삼화사 중건, 입적 등 그의 생애 전체에 걸쳐 사실적 이야기와 신화적 이야기가 모두 존재한다. 탄생에서부터 죽음까지의 전 생애가 고루 전해져 내려왔다는 점에서 그의 생애 전부가 역사적 사실을 바탕으로 또 하나의 위인이 될 수도, 전설적 인물이나 신화적 인물이 될 수도 있다는 걸 말해준다. 문제는 역시 스토리텔링이다. 범일국사를 어떻게 이야기 하느냐에 달려 있는 것이다.

앞장에서 살펴본 영웅의 여정 즉 범일의 일생은 신화가 되기에 충분하고 그 신화는 여러 장르의 문화콘텐츠에 소재를 제공하고 그 소재를 활용한 스토리텔링은 '해리포터'나 '반지의 제왕' 같은 엄청난 영향력을 끼치는 결과를 가져올 수도 있다. 범일과 관련한 스토리는 아직 국내에서도 그리고 범일의 고장 강릉에서도 아직 보편적으로 알려져 있지 않다. 이 사실을 뒤집어보면 알려야 할 대상이 지극히 많이 남아 있다는 얘기다. 경제적으로 말하자면 시장이 넓다는 얘기고 블루오션이라는 말이다. 따라서 범일국사와 관련한 스토리를 스토리텔링할 여건은 매우 좋고 성공의 가능성 또한 매우 높겠다고 하겠다.

로보트 태권브이를 닮은 범일국사

미디어나 플랫폼에 담기는 내용물을 의미하는 문화콘텐츠는 대개 영화, 방송, 게임, 애니메이션, 만화(웹툰), 캐릭터, 모바일콘텐츠, 공연(뮤지컬), K-팝 등을 의미하는데 그림으로 나타내면 다음과 같다.

문화콘텐츠 각 장르

문화콘텐츠산업의 가장 큰 특징인 OSMU(One source-Multi use)는 크게 수직적 멀티유즈와 수평적 멀티유즈로 나눌 수 있는데 수직적 멀티유즈는 장르간 계열화(만화, 애니메이션, 영화, 음반, 게임 등) 즉 장르전환을 말하고 수평적 멀티유즈는 창구효과 즉 하나의 콘텐츠를 여러 매체와 창구를 통해 가치를 창출하는 것을 의미한다. 이런 점에서 문화콘텐츠는 하나의 장르만 아니라 여러장르가 결합되고 확산되면서 수익의 극대화를 도모할 수 있는 특징이 있는데 문화콘텐츠산업이 굴뚝없는 산업, 황금알을 낳는 산업, 미래산업이라고 말하는 이유가 여기에 있다.

문화콘텐츠가 장르전환하는 과정에서 각 문화콘텐츠 장르에 맞게 스토리텔링의 방식은 변화를 거치는데 이때 핵심요소가 스토리다. 때문에 문화콘텐츠산업은 스토리산업이라고도 불리는데 주지하듯 문화콘텐츠 스토리텔링은 크게 '스토리', '담화', '전략'으로 구성된다. 이때 사건의 원형질인 스토리가 전략에 의해 담화로 구성되는 과정에서 필요한 것이 시나리오 창작모델이다. 흔히 할리우드영화라 통칭되는 고전주의 극영화는 대개 '아크플롯'이라는 개념으로 해석되고 설명된다. 이는 로버트 맥기가 주장한 것으로 아크플롯은 인과성, 닫힌 결말, 연속적인 시간, 외적 갈등, 단일 주인공, 일관된 사실성, 활동적인 주인공 등의 특징을 가지는 고전적 이야기를 구조를 말하는 것으로 지금까지의 할리우드영화의 대부분을 차지하는 대표적 모델이다.

이런 스토리 모델이 가장 잘 드러나는 장르가 판타지장르다. 판타지의 스토리는 서사구조, 등장인물, 플롯, 테마 등이 작품들마다 매우 유사한데, 주인공은 모험을 통해 스토리 전개, 소명을 완수하기 위한 과정에서 오는 위기와 갈등을 겪고 난 후 끝내 긍정적 결말로 끝을 맺는 진행의 모습을 보여준다. 이러한 전형성이 소설, 영화, 게임을 서로 재매개하며 장르전환을 매우 용이하게 만드는 기제로 작용한다. 쉽게 말해 보편적이고 인기 있고 재미있는 이야기는 일정한 이야기구조를 가지고 있다는 얘기다.

판타지영화의 새로운 지평을 연 〈반지의 제왕〉, 〈해리포터 시리즈〉, 〈나니아 연대기〉 등은 모두 판타지소설을 원작으로 하는 영화들이다. 그리고 할리우드의 대부분 영웅판타지는 만화를 원작으로 삼는 경우가 대부분이다. 이런 점에서 우리의 만화영화 즉 애니메이션의 영웅인 '로보트 태권브이'는 앞에서 말한 서양의 판타지소설과 비견될 정도로 무한한 가능성을 내포하고 있는 스토리다.

태권브이는 권선징악의 보편성을 직접적으로 드러내면서도 태권도로 상징되는 한국인의 특징을 잘 결합시키고 있다. 처음 개봉했을 당시 애니메이션의 불모지나 다름없었던 우리나라에서 어린아이는 물론이고 청소년과 어른들에게도 관심을 불러 모았던 당시의 킬러콘텐츠였다. 이후 만화로 재탄생되었고 3D

애니메이션으로 리메이크되어 개봉해 관심을 불러왔다. 현재는 첨단 기술과 결합된 영화가 준비되고 있으며 최근에는 강동구에서 테마파크가 개장했다. 이런 분위기로 미루어봐서 앞으로 태권브이가 지속적으로 온 국민들에게 사랑받는 수퍼히어로의 역할을 할 것을 예상할 수 있다. 신화가 될 가능성이 충분하다는 얘기다.

범일국사 역시 로보트 태권브이의 가능성과 마찬가지로 가능성이 매우 많은 이야기로 가득하며 신화가 될 수 있는 우리의 역사며 유산이다. 우선 국사로 추대될 만큼 한 나라의 정신

적 스승의 역할을 했음에도 불구하고 의상, 원효 등에 비해 잘 알려져 있지 않다. 그리고 그의 일대기는 전형적인 신화의 모습과 닮아 있다. 비범한 탄생과 국내와 중국에서의 고난, 험난한 포교활동과 국가와 지역사회에 대한 헌신 그리고 성인으로서의 삶과 죽음에 이르기까지 신화가 되기에 충분한 요소를 모두 갖추고 있다. 그의 삶과 더불어 그와 관련해서 전승되어 오는 이야기가 판타스틱하다는 것이다.

이와 관련한 또 다른 예를 들어 보자. 소설을 원작으로 만들어진 〈반지의 제왕〉의 경우, 영화는 물론 게임, 방송, 애니메이션까지 하나의 원작으로 모두 25개 이상의 개별 문화콘텐츠 작품으로 만들어졌다. 뛰어난 언어학자이기도 했던 톨킨은 전쟁으로 피폐해진 영국의 젊은이들에게 꿈과 희망을 전해주기 위해 켈트신화를 비롯한 북유럽 신화를 바탕으로 자신만의 새로운 세계인 중간계와 엘프어라는 언어를 창조하여 〈반지의 제왕〉을 만들었다. 여기서 주목해야 할 점이 바로 이 책이 신화를 바탕으로 창조되었다는 사실이다. 신화는 판타지장르의 대표적 스토리인데 범일국사의 스토리도 이런 신화의 모습과 닮은 점이 많다. 물론 실존인물이었고 그와 관련한 이야기가 창작되고 또 재창작되었을 수 있지만 문화콘텐츠적 관점에선 신화적이고 판타지다.

〈반지의 제왕〉은 출판된 후 큰 인기를 끌어 약 10억 명의 독자를 확보했지만 평단의 비판은 좋지 않았다. 현재에도 그런 분위기가 있지만 예전에는 판타지소설에 대한 냉소적인 태도는 훨씬 심했고 저급한 소설로 취급받을 뿐이었다. 하지만 〈반지의 제왕〉은 1999년 아마존 닷컴에서 실시한 고객조사에서 최고의 '세기의 책'으로 뽑혔고 또한 2003년과 2004년 영국 BBC 조사에서 〈반지의 제왕〉은 '영국민이 가장 사랑하는 책'으로 조사되었다. 이후 '20세기 영미문학 걸작25위', '20세기 최고의 소설 4위', '20세기 100권의 책 4위'라는 결과가 전 세계인들이 판타지 소설 〈반지의 제왕〉에 열광하게 되는 이유를 잘 말해주고 있다.

시간이 흐른 후에 격렬한 전투씬, 액션, 신비한 시공간 설정, 다양한 크리쳐들로 영상화에 최적화된 이야기를 담고 있는 〈반지의 제왕〉에 끊임없이 관심을 느끼던 영화제작자들과 라디오, TV 드라마 제작자들에 의해 반지의 제왕은 책에서부터 다양한 문화콘텐츠장르로 확장을 시작하게 된다.

이런 제작과정은 범일국사의 이야기에도 적용할 수 있겠다. 앞에서 제시한 범일국사 스토리를 기본틀로 우선 원천콘텐츠라 할 수 있는 만화, 웹툰, 소설이 창작되어 독자들에게 선보여야 하겠다. 그리고 이를 바탕으로 영화, 애니메이션, TV드라마 등 영상콘텐츠로 만들어지고 그 후에 뮤지컬, 게임 나아가 지역을 연고로 하는 테마파크가 만들어질 수 있겠다. 물론 강릉단오제와 같이 범일국사가 중심역할을 하는 축제와 행사에서는 당연히 새로운 접근 즉 문화콘텐츠적 시각으로의 접근이 이루어져 다양하고 많은 콘텐츠들이 생산될 수도 있겠다.

이러한 각 문화콘텐츠의 내용은 범일국사 그 자체를 모티브로 하는 캐릭터와 그를 둘러싼 사건과 에피소드로 채워질 수 있는데 그 중에서도 범일국사의 캐릭터는 시급히 개발되어야 할 과제다. 캐릭터의 시각적 형상화는 물론이고 범일국사의 정체성과 관련한 문화적, 역사적, 학문적 시각의 통합이 필요하다. 지금까지 이루어진 여러 논의가 바탕이 되어야 함은 물론이다.

'로보트 태권브이'는 첨단기술을 기다리며 지금까지 전세계를 향한 웅장한 비상을 준비해왔다. 그리고 이제 막 날개를 펼치고 있다. 그에 비해 범일국사와 그의 이야기는 이제 막 잉태되고 있는 비장의 숨은 카드다. 두 이야기 모두 권선징악, 구국애민 등의 인류보편적 감성을 충분히 가지면서도 한국의 특징적 문화를 잘 드러내주고 있다. 따라서 '로보트 태권브이'가 매우 비싼 브랜드가치를 형성하면서 신화가 되었듯이 범일국사와 관련한 문화콘텐츠의 성공적인 확산을 위해선 이제 유사한 사례를 종합적으로 분석함은 물론이고 학계, 문화계, 산업계 및 공공기관 등의 통합적 관심과 논의를 바탕으로 구체적인 전략을 마련을 해야 하겠다.